毒舌訳

哲学者の言葉

Philosophy with an edge of sarcasm

Hiroiki Ariyoshi

毒舌訳　哲学者の言葉

「哲学」

っていうと、まず思い出すのが高校のときの倫理の授業。

その1回目の授業で出たのが、

「人間は考える葦である」

倫理の先生が、いかにも哲学者っぽいというか、理屈っぽい人で、

「だからお前らも考えなきゃダメだ！」

みたいなこと言われて、そこでみんなの思考が停止した覚えがあります。それ以来、その先生のことは「葦」って呼ぶようになりました。

とにかく退屈でした。1年間やって、覚えてるのは「人間は考える葦である」っていう言葉だけ。あと何やったのか、まったく覚えていません。それぐらい無駄な時間だった覚えがあります。

なんか嫌でしたよね、哲学って。テストも明確な採点基準がないし。

「これはどう思うか？」って質問で、「俺はこう思ったんだからそれが正解だろう」と思って書いても点数よくなかったり。

そのとき思いました。「哲学と俺は合わないな」って。

哲学って結局、無駄な時間だと思うんですよ。「無駄なように思えて、その考えてる時間が大事だ」とか言ったりしますけど、考えてなかったと思います、何

も。1年間無駄でした。あの1年間で「哲学って無意味だ」と思いました。最終的になんの答えも出なかったと思います、あの授業。

哲学って、しょせんそんなもんだと思います。結局答えは出ないっていう。『朝まで生テレビ』みたいなもんで、「答えを出せよ！」って思うんだけど、なんとなく出ない。あれだけ田原さんが仕切っといて「結局何も答え出ねーのかよ！」って。「とりあえずの答えぐらい出してくれよ！」っていつも思うんですけど、いつも何も出ない。「多数決でもいいから何か答え出してくれ！」と思うんですけど。

哲学もきっと同じようなもんだと思います。どんなに考えても、結局答えなんか出ないっていうもの。

最近

ちょくちょく言われます。

「有吉、もっと毒吐いてくれ！」って。

僕からすると、前と同じように下ネタも悪意もまきちらしてますけど、最近は勝手にみんな、いいように解釈してくれるんですよね。

だから最近僕、いい人に見られます。最初は嫌われるタレントだったのに、最近は好感度が上がってるっていう。でもそっちが勝手にそう思ってるだけで、本人はいたって変わらずですけど。

こっちの毒も、そっちがなんとなくいいように解釈してるだけだろって思うんですよ。ちょっと穏やかな顔して正論っぽいフリして言ってるだけで、実は毒吐いてたりとか、攻撃してたりとかするけど、そっちが勝手に僕のことを「正論言ってる人だ」とか、「実はいい人なんだ」とか解釈しちゃうっていうだけで。

最近、「ブス」って言葉すら受け入れられてきました。「ブス」って言っても、「そうそう、あの人たちブスだよね」って勝手に解釈してくれる。前までは僕が「ブス」って言ったら「何を失礼な！」ってなってたのが、最近は「ブス」すら受け入れられるっていう。「バカ」とか「死ね」とか、直接的な言葉を言わないと「毒」と思わないのかなって。


結局それって相手の取り方ひとつだなって思うんですよ。僕が言ったことを「ああでもない、こうでもない」って言ってこねくりまわしてるだけで、勝手に解釈して、いいように受け取ってくれるんですから。

哲学と一緒です。

「哲学とは、変わり者の人が適当に言ったことを、なんとか普通の人たちが解釈してあげて、無理やり〝わかるわかる〟と納得してあげているもの」

哲学者って、実はあんまり賢い人たちじゃないなって思うんですよ。好き勝手なこと言ってるだけで、結局、正解とか不正解とか誰もたいしてわかってないっていう。なんかちょっと変わり者の人が自信ありげに好き勝手なこと言ってるだけで、特にそこに答えなんかないなって。

やり口が占い師と結構似てます。なんとなくそれっぽいこと自信ありげに言ってりゃ、聞いてるほうが勝手にいいように解釈してくれる。「当たってる、当たってる」みたいに。

なんとか

無理やりひねり出してるような言葉でも、ありがたがって聞いてくれるみたいな。なんかそれっぽいこと言ってるだけで、本人も当たってるかどうか実は知らないっていう。

哲学者も占い師もどっちにも言えることは、実はたいしたこと言ってないっていうことです。

「これが正解だ！」みたいな顔して言ってれば、ご意見番になれるんだなって思いました。よくよく見たら、テレビに出てるご意見番の人たちも、たいしたこと言ってねーなって思うし。

哲学者とご意見番は似たようなもんです。自信持って間違ったことを言う。間違ったことも自信持って言うと、「それもあるよね」とか、「それは逆説的には合ってるかな」とか、いろいろ勝手にまわりは解釈してくれるもんだなと。

「哲学者とは、近所の厄介者。ブツブツと小難しいことを言って、まわりに説教したり、ニヤニヤと女をナメまわして見たり。嫌われ者の人たち」

哲学者が変わり者で、近所の厄介者で、理屈っぽくて、それを聞く側がなんとか優しさで、その人の言ってることを解釈してあげてるような人たちだとすれば、僕はまぎれもなく「哲学者」ってことです。

結局、哲学者なんて言ったもん勝ちだから。本人は勝手なこと言ってるだけですから。それをまわりがいいように解釈してあげてるだけ。現実社会では、なんの役にも立たないです。ありがたがってる場合じゃないです。

ニーチェ

とかサルトルとか読んで「そうだな」とか納得してないで、そんな言葉よりいいこと言ってる人はいっぱいいるから。

普通のおじさんとかおばさんでもいいこと言ってるし、商店街のおばさんとかでも結構いいこと言ってるから。

「ニーチェの言葉」だからありがたがって聞いてるけど、近所にいるちょっとボケが入ったジイちゃんとか、ちょっと季節の変わり目に騒ぎ出すような人の話を聞くかっていったら聞かないと思うんですよ。「ニーチェの言葉は聞くけど」って言うんだったら、もうちょっとそういう人たちの言葉にも耳傾けてほしいなと思います。ニーチェの言葉をいいように解釈してあげたように、「この人たちの言うことを理解してあげよう」っていう優しい気持ちで、近所のちょっとおかしな人のことも理解してあげないと。

僕はこの本で、「哲学者」と呼ばれてる、近所の厄介者で理屈っぽくて偏屈な人たちの言ってる言葉を、僕なりに解釈してみました。

キ○ガイで童貞のニーチェも、ヤリチンのサルトルも、ロリコンのベーコンも、露出狂で強姦未遂のルソーも……みんなまとめて優しい言葉で訳してあげました。

それが世間的に合ってるかどうかなんて知ったことじゃないです。だって哲学なんて答えが出ないんだから。言ったもん勝ち。好き勝手なこと言ったのを好き勝手に解釈して、いいように受け取ってればいいんだから。

だからこの本も好き勝手に解釈してください。好きなように、ああだこうだ言ってください。

でもそれがたぶん、「哲学」だと思うから——。結局なんの役にも立たないと思います。

2012年4月吉日　有吉弘行

contents

II 金について——35

III 働について——63

027　乞食は一掃すべきである
けだし何か恵むのもしゃくにさわるし、何もやらないのもしゃくにさわるから

028　野獣は野獣を知る
同じ羽毛の鳥はおのずから一緒に集まる

029　重要なことは何を耐え忍んだかということではなく、
いかに耐え忍んだかということだ

030　私が私の顔を知るのは、むしろ反対に他人の顔によってである

031　人の不幸はほとんど反省によってのみ生まれる

032　人生には進歩と退歩の2つしかない
現状維持とはつまり退歩している証なのだ

033　人は必要に迫られるとすぐに実力を発揮する

034　あなたがたの実力以上に有徳であろうとするな
できそうもないことを己に要求するな

035　万物は流転する

036　乞食は純粋のブルジョアだと言ってよい
というのは、彼はもっぱら哀願にのみ依存して生きているのだから

037　なんじの敵には軽蔑すべき敵を選ぶな
なんじの敵について誇りを感じなければならない

038　他の人々は喰わんがために生き、己自身は生きんがために喰う

039　“何もしないよりはなんでもいいからせよ”
という原理がすべての文化の高級な趣味の息の根を止める

040　欺かれる者は欺かれない者よりも賢く、欺く者は欺かない者よりもよい

041　幸福は人生の意味および目標、人間存在の究極の目的であり狙いである

058　人間の真実な唯一の威厳は、自らを蔑むその能力である

059　期待できないことに希望をつなぐな

060　我々は賢明になるためには、まず馬鹿にならなければならない
己を導くためには、まず盲目にならなければならない

061　語り得ぬものについては沈黙しなければならない

062　知は力なり

063　嘘ばかりつく人間だと思えば、こちらは正反対を信じていればよい
嘘と真実を使い分けるから厄介である

064　豚となりて楽しまんより、人となりて悲しまん

065　結婚とは、男の権利を半分にして義務を二倍にすることである

066　万物の根源は水である

067　悲しむことはない　今の状態で何ができるかを考えて、ベストを尽くすことだ

068　私はお前たちに超人を教える
人間は超克さるべき何物かである

069　善にも強ければ、悪にも強いというのが、一番強力な性格である

070　私は人間ではない　私はダイナマイトだ

071　他者とは地獄である

072　子供は父母の行為を映す鏡である

073　小心は人を不決断にし、その結果、行為の機会と最大の好機を失わせる

074　人は常に、自分に理解できない事柄はなんでも否定したがるものである

075　思考はひげのようなものである　成長するまでは生えない

076　我何を知るや

077　神は死んだ

I
── 女について

BITCH

001~011

BITCH

001

『才能はひとりでに培われ、性格は世の荒波にもまれて作られる』

ohann Wolfgang von Goethe／ゲーテ

美人は生まれたときから美人。
ブスは生まれたときからブス。
さらに世間の荒波にもまれて、性格もひねくれたブスになる。
ブスは性格もたいていブス。

【ゲーテ】
1749〜1832。ドイツの作家、詩人。政治家や自然科学者としても活躍。小説『若きウェルテルの悩み』『ヴィルヘルム・マイスターの修業時代』叙事詩『ヘルマンとドロテーア』詩劇『ファウスト』など広い分野で様々な作品を残す。ちなみに現代でも『ゲーテの詩集』は持っているだけで文学通に見えるからお得。

ブスは性格もブス

Hiroki Ariyoshi／有吉弘行

BITCH

002

己自身を熱愛する人間は実は公共の敵である

Francis Bacon／フランシス・ベーコン『随筆集』

ブスとは、風俗にいた場合、キスしたくない顔の女。

美人とは、風俗で予約が取れない女。

自分のことを「かわいい」と思ってるブスに言ってやりたいです。

「風俗で働けば現実がわかる！」


【フランシス・ベーコン】

1561〜1626。ルネサンス期のキリスト教神学者であり、哲学者。「知は力なり」という言葉とともに知られ(P132参照)、学問の壮大な体系化を目指した。ちなみに、ろう教育を最初に始めた人物でもある。なお、シェイクスピアはベーコンのペンネームであり、2人は同一人物だったという説も。ちなみに「ベーヤン」は堀内孝雄のニックネームであり、同一人物である。

己れ自身を「かわいい」と思い込んでるブスは
公共の敵である

Hiroiki Ariyoshi／有吉弘行

BITCH

003

存在するとは、知覚することである

George Berkeley／**バークリー**『人知原理論』

はしゃぐブスが一番嫌われます。

自分の意見を言い過ぎるブスほど嫌われます。

ブスは何にも言わなきゃそんなに嫌われません。逆に優しくされたりします。

「こいつ、ブスだから卑屈なんだろうな。かわいそうなんだろ、おいで」って言ってくれる人もいますから。

目立とうとするブスが一番いけない。ブスが主張すると確かに嫌われちゃうから。

存在感のあるブスほど嫌われます。

だからブスは自分の存在を主張せず目立たず、おとなしくしてることです。

存在感あるブスほど嫌われる

Hiroiki Ariyoshi／有吉弘行

【バークリー】
1685〜1753。アイルランドの哲学者であり聖職者。彼は存在するということは、あくまで「知覚」として認識しているのだと提唱、そしてその原因は神であることを説いた。つまりは物質を否定し、知覚する精神と神のみを実体として認めた。ちなみに、カリフォルニア州バークリー市は彼の名にちなんだものである。

BITCH

004

私は隣人に対する愛を諸君に勧めない
私が諸君に勧めるのは、
いと遠きものに対する愛である

Friedrich Wilhelm Nietzsche／**ニーチェ**『ツァラトゥストラはかく語りき』

アイドル歌手とかアイドルグループに夢中になって、そのアイドルのためにいっぱい金つぎ込んでるような人。

そういうアイドル好きの男の気持ちはよくわかります。

街ゆく女に話しかけても嫌な顔されるだろうし、握手しようとしたら変質者だと思われるだろうし。

その点、アイドルのほうが表面上は優しくしてくれますから。イベント行ってもニッコリ笑って握手してくれるし、話しかけたら嫌な顔ひとつしないで答えてくれるし。

風俗嬢も同じです。

街ゆくかわいい女に、「SMプレイやらせてくれ」とか言ったら怒られちゃうけど、同じレベルのかわいい風俗嬢に、「素股でお願いします」って言っても怒られません。

金払ってるんだから向こうは優しくしてくれます。

アイドルも風俗嬢も金払ってるからニッコリ笑ってもくれるし、優しくしてくれるっていう。

だから、アイドルって風俗嬢みたいなもんだと思います。

こういうこと考えるニーチェは完全に童貞の思考回路です。

【ニーチェ】
1844～1900。ドイツの哲学者。24歳という若さでバーゼル大学の教授となる。早くからヴァーグナーに心酔していたが、そのあまりの俗悪ぶりに嫌悪感しか抱けず彼と袂を分かつ。その後は教授の職も辞し、転々としながら自己の思想を発表し続けるが、世間には認められなかった。その過程で「神の死」「力への意志」「ニヒリズム」「永遠回帰」などという有名な考え方が生まれる。1889年にトリノの路上で発狂し、1900年に亡くなるまで正気に戻ることはなかった。つまりはキ○ガイの童貞である。

近隣の女より遠くの風俗嬢

Hiroki Ariyoshi ／有吉弘行

BITCH

005

幸福は遠くの未来にある限り光彩を放つが、捕まえてみると、もうなんでもない

Emile-Auguste Chartier／**アラン**『幸福語録』

「アイドルって何？」って聞かれることがあります。

ドラマやバラエティに出てるけど、女優でも芸人でもないし。じゃあ何かっていうと、「女優よりブスで、芸人よりかわいい女」だと思うんですよ。

女優は確かに「普通の人とちょっと違うな」って感じがするんですよね、顔とか見ても確かにキレイだったりするし。女芸人は「ブスだな」と思うし。

じゃあ「アイドルはかわいいか？」っていうと、アイドルって呼ばれてる人たちをよく見てみると、「そんな別に…」っていう。

そのうえ、特に何の才能があるわけでもなく、気さくでちょっとおしゃべりができるっていうだけで重宝されたりとか。

アイドルとは本当に街にいる、ちょっとかわいい子。それがたまたま事務所の網に引っかかって、かわいい衣装着てテレビに出たりして、世の中の人たちにちょっとチヤホヤもてはやされてるだけ。

街の人気者がアイドル。その程度。

【アラン】
1868〜1951。アランというペンネームで知られるフランスの哲学者。本名はエミール＝オーギュスト・シャルティエ。リセ（フランスの後期中等教育機関であり、日本の高等学校に相当）の教師であり、過去の偉大な哲学者の思想と独自の思想を絶妙に組み合わせた彼の哲学講義は、学生から絶大な支持を得る。その際、「アラン」名義でデペーシュ・ド・ルーアン紙に寄稿。ペンネームを使いこなすあたりは、今で言う「ハガキ職人」。

アイドルとは女優よりブスで女芸人よりかわいい街の人気者

Hiroiki Ariyoshi ／有吉弘行

BITCH

006

多くのとるに足らないへつらい者にとりまかれた最大のへつらい者は己自身である

Francis Bacon ／フランシス・ベーコン『随筆集』

最近、アイドルとかと仕事すると、いるんですよね、こざかしいやり方でブログのアクセス数を増やしてるアイドルが。

たとえば、ブログ書くときに、行間いっぱい空けていくと、たいしたこと書いてないのに2ページにわたったりして。そうすると「1スクロールごとにもらえるお金も上がるんです」とか、ブスなすっぴん晒してアクセス数稼ごうとしたりとか。そんなことに夢中になって自慢してるアイドルって、もうどうしようもねーなと思って。「ホントにバカバカしいよな！」って思うんですよ。

ところが、そういうアイドルに番組の企画でちょっと下品なことやらせようとすると、

「ブログ読んでるファンの人たちがうるさいから、ちょっと下品なことはできないんです…」

みたいなこと言うんですよ。

じゃあ「ファンってどれぐらいいるの？」と聞いてみたら、30人。そいつのブログの読者数30人。

「テレビ観てる人、何万人いると思ってるの？」って。

「アイドルで世に出たい！」とか思ってるヤツがそっちの人たちにおもしろいと思ってもらわないでどうするの？　って。

そんなもんブログやるより、駅前に立って演説してるほうがよっぽど効果があるだろっていう。

世の中で一番バカバカしいと思うんですよね、そういうアイドルって。

世の中で一番バカバカしいのは、こざかしいやり方で
ブログのアクセス数を水増しするアイドル

Hiroiki Ariyoshi ／有吉弘行

【フランシス・ベーコン】その2
23歳で国会議員となり、当時エリザベス女王の寵臣だったエセックス伯の腹心となる。しかし、エリザベス朝期、ジェームズ一世期初期には栄達には恵まれず、1605年『学問の進歩』を出版。その後法務次長になったことを皮切りに順調に栄達するも、1621年に汚職の嫌疑で失脚する。ちなみに、45歳で14歳の少女と再婚するというロリコン王子でもある。

BITCH

007

男は知っていることをしゃべり、女は人に悦ばれることをしゃべる

Jean-Jacques Rousseau ／ルソー『エミール』

世の中、男と女で違うものっていろいろありますが、男と女のギャグのセンスも全然違うと思います。

男の場合、飲み会でチンコ出せば大ウケです。なぜか男って裸が好きで、僕が『内P』で猫男爵とか裸になったときにウケたのも男でした。「有吉、おもしろいよ」って男性視聴者に言われるようになってからは、「これ、男狙いだな!」ってひたすら脱いでました。

その点、女が言う「おもしろい人が好き」っていうのを真に受けて、「そうか、おもしろい人が好きなんだな」って飲み会でいきなりチンコ出したりすると、たいていの女

は完全に引きます。

男にとっては裸＝ユーモアでも、女は違うっていう。根本的にユーモアのセンスが合わないと思うんですよ、男と女では。

じゃあ、女を本当に笑わせようと思ったらどうすればいいかっていうと、「昨日うちの犬が噛みついてきちゃって」でいいと思うんですよ。「石につまずいて転んじゃって」とか、それぐらいお手軽なギャグで十分だと思うんですよね。わざわざチンコ出さなくてもいいんです。そんな手間かける必要はないっていう。

チンコ出してウケるかウケないか。それが男と女の大きな違いだと思います。

【ルソー】
１７１２〜１７７８。スイスの哲学者、政治思想家、教育思想家、作家、作曲家。彼の政治思想は、従来の価値観や伝統から解放された個人を理想とすることにある。たとえば、当時の絶対王制を支える強力な根拠となっていた君主主権の観念を転用し、人民にこそ主権が存在するという「人民主権」の概念を打ち立てた。この人民主権の概念は、その後の民主主義の進展や普通選挙の確立に大きく貢献。ちなみに、私生活においては極度のマゾヒズムや露出癖に悩まされ、少年時代には強姦未遂で逮捕された一流の性倒錯者である。

チンコ出して笑うのが男、チンコ出して引くのが女

Hiroiki Ariyoshi ／有吉弘行

BITCH

008

女をお前と同等にまでするな
というのは、そうなったら、
お前はすぐに尻の下に敷かれるからである

Immanuel Kant ／カント『断片』

女とうまく付き合おうと思ったらどうすればいいのか？

それにはまず、「女はつまんない話をするものだ」と決め込むことです。「女が言ってることは100％つまんないことなんだ」とわかったうえで、女の話にリアクションするということです。

「この前、私ね」とか話し出したら、「きたな、またつまんない話だな」と思いながら女の話を聞いて、「はぁ」とか、「そうだよね」とか適当に相槌打ってればいい。

それでひと通り話し終わったあたりで、その女の欲しい答えを言ってあげること。「だいたいこういう答えを言ってほしいんだろうな」ってことを言ってあげれば納得します。

「そうだよね」とか、「俺もそう思う」とか、その程度の答えでいいんです。自分の意志なんて持たずに、その女の話を肯定してあげれば。一切否定しないっていうのが大事です。

もうひとつのパターンとしては、女の話を全否定するっていう方法もあります。「私こう思うんだけど」とか、「この前こんなことがあって」って話し出したら、「それ絶対違うよ」とか、「それは間違ってるだろ」とか、女の話をとにかく全否定しておいて、最終的にはその女が最初に言ったところに戻って、「でもやっぱりお前が正しいよな」みたいなことを言ってあげる。全否定しておいて、最後に全肯定してあげるっていう。アメとムチ、いえムチとアメ。こっちのほうが多少技術が必要。

基本はどっちも肯定してあげればいいんです。女の話を最後まで否定しちゃダメです。自分の意志なんていらない。とにかくわかったフリしてりゃいいんだから。

これでたいていの女は丸め込めます。「この人は私のことわかってくれる」って勝手に勘違いしてくれます。コロッと騙されます。

女とうまくやるには、その程度で十分です。


女を丸め込むには女の話をわかったフリして聞いていればいい

Hiroki Ariyoshi／有吉弘行

【カント】
1724〜1804。プロイセン王国出身の思想家。『純粋理性批判』『実践理性批判』『判断力批判』の三批判書を発表し、批判哲学を提唱。ドイツ観念論哲学の祖とされる。ちなみに、英語で「カント」は女性器を意味するとか。

BITCH

009

男性の間では愚かで無知な者が、女性の間では醜い女が一般的に愛され、ちやほやされる

ショーペンハウアー／Arthur Schopenhauer
『幸福のための警句』

これってつまり、女が合コンに自分よりブスな女を連れていくことですよね。「かわいい子連れていく」って言って、自分よりかわいい子を連れてきた試しがないっていう。

自分を優位にしたいから、自分よりバカなヤツとか、自分よりブスな女とか、自分より下のヤツを引き立て役に使うっていう手法です。

僕も後輩にめちゃくちゃ甘いです。後輩に厳しくして、そいつが僕よりできるようになったら困るんで。後輩は育てないっていう方針です。成長してほしくないです。それで僕の仕事取られるとマズいんで。

そういう事情で、男はバカなヤツ、女はブスがもてはやされて重宝されるっていう打算は、常に世の中の真理です。

女が合コンに連れていくのは自分よりブスと決まっている

Hiroiki Ariyoshi ／有吉弘行

【ショーペンハウアー】
1788～1860。ドイツの哲学者。仏教精神そのものといえる思想とインド哲学の精髄を明晰に語り尽くした思想家。ヒトラーやフロイト、アインシュタイン、フーコーといった19世紀後半から20世紀にかけて活躍した多くの哲学者や芸術家に影響を与え、生の哲学、実存主義先駆ともとらえられている。ちなみに、よく間違えやすいとされるベッケンバウアーはサッカー選手であり、流行らなかった大沢あかねのギャグでもある。

BITCH

010

エロースとは美を求める愛である

Platon／プラトン『饗宴』

……わかりにくい！

もっとわかりやすい言葉で言ってほしいですよね。

だいたい、美を求めてるんですかね？　本当にそうなんですかって？　言い訳っぽい。

こういうことを奥さんに言うとブン殴られますよ。

「エロースとは美を求める愛である」

「浮気しといて何よ！」

それ浮気したときの言い訳にしちゃダメでしょっていう。

もうちょっとうまいこと言って、「エロースとは妻を愛することである」ぐらいにしとけば角立たなかったのになって。

「不倫は文化である」と同じ。

ただ単に石田純一みたいなこと言ってるだけでしょ。

【プラトン】

B.C. 427~B.C. 347。古代ギリシアの哲学者。ソクラテスの弟子であり、アリストテレスの師。哲学者ホワイトヘッドをして「西洋哲学の歴史とはプラトンへの膨大な注釈である」と言わしめているほど、彼の思想は西洋哲学の源流であると言える。一般にプラトンの哲学は「イデア論」を中心に展開。生成変化する物質界の背後には、永遠不変のイデアという理想的な範型があり、イデアこそが真の実在、この世界は不完全な仮像の姿に過ぎないというものである。話は変わるが、イケアの家具は安いけど組立が面倒。

「不倫は文化である」と同義語

Hiroiki Ariyoshi ／有吉弘行

BITCH

011

美貌はどんな推薦状よりも好ましい支持である

Aristoteles ／アリストテレス

ブスか美人かっていったら、迷わず美人。
どんなに性格悪くても美人のほうがいい。
どんなに性格がよくても、ブスはしょせんブス。しかもたいていブスは性格悪い。
性格が悪くて、愛想も悪くて、優しくなくて、バカでも、やっぱり美人は美人。
結果、どんなブスよりも、やっぱり美人がいい。

美人はどんなに性格悪くてもブスより支持される

Hiroki Ariyoshi ／有吉弘行

【アリストテレス】
B.C.384〜B.C.322。古代ギリシアの哲学者。ソクラテス、プラトンとともに西洋最大の哲学者とされ、またその多岐にわたる自然研究の業績から「万学の祖」とも呼ばれる。また、アレクサンドロス大王の家庭教師だったことでも有名。

Ⅱ——金について

MONEY

012~025

MONEY
012

貨幣は私の力をあらわす

サルトル Jean-Paul Charles Aymard Sartre 『存在と無』

なんだかんだ言っても、世の中、金です！

「世の中、金じゃない！　金よりももっと大事なものがある」みたいなキレイごと言うヤツは、しょせん金持ってるヤツです。

そういうキレイごと言うヤツには、

「本当に世の中金じゃないんだな？　それならお前の持ち金、全部俺にくれるよな？

金より大事なものがあるんだからいいよな？」

とことん追い詰めてやりたくなります。

金持ってないくせに、「世の中金じゃない！　金より大事なものがある」みたいな夢みたいなこと言うヤツには、目の前に札束突きつけて、「お前、この金いらないんだよな！金より大事なモノがあるんだよな」って、とことん追い込んでやりたくなります。

仕事がまったくなかったどん底時代、猿岩石が売れた頃に貯めておいた貯金通帳の額が毎月減っていくのに比例して、僕自身もどんどん弱っていきました。ついには貯金が100万円を切ったとき、

「あ、これもう俺、いよいよホームレスだな」

そう思ったときの恐ろしさったら、ありませんでした。金ないと人間ってとことん弱ります。

あのとき思いました。

「世の中、金がすべてだよな！」って。

【サルトル】1905〜1980。フランスの哲学者、小説家。サルトルの思想は実存主義によるもので、今まさに生きている自分自身の存在である実存を中心とするもの。これは「ビッグダディ」の名言「俺はこれ以上でもこれ以下でもない。俺はこういう人間だ」という言葉にそのエッセンスが表われている。サルトルは、まさにビッグダディ流考えの持ち主なのだ。

世の中、金があれば強く生きられる！

Hiroki Ariyoshi／有吉弘行

MONEY

013

愚か者はよい暮らしを得ても、
それよりもっとよい暮らしを求める

ニーチェ／Friedrich Wilhelm Nietzsche

「もっといい家に住みたい」とか、「もっといい車に乗りたい」とか、「もっといい服を着たい」とか、〝もっともっと〟って思っちゃダメです。

いい家に住むために住宅ローン組むとか、いい車乗るためにローンで買うとか、いい服買ってカードの支払いに困るとか、結局いい思いしようと思うと、あとで苦しい思いするのは自分だってことです。この不景気に給料下がったり、ボーナス出なくなったりしたら、一発でアウトです。

「もっといい暮らしがしたい」って思うからいけないんです。背伸びするからダメなんです。

自分の身の丈よりひとつ下の生活をするぐらいでちょうどいい。無理しちゃダメです。

「もっといい暮らしがしたい」なんていうくだらない思いが自分の首を絞めるのです。

【ニーチェ】その2
1844〜1900。ニーチェは、キリスト教の根底には弱者が強者を妬み、恨む気持ちが隠れていると主張。したがって、こうしたキリスト教的道徳を「奴隷道徳」であると批判し、弱者への同情や憐れみは生へのたくましい欲求を抑えつけ、人間を無力化してしまうことだと説いた。そうしたキリスト教的価値観の否定を表したものが著作『ツァラトゥストラ』等で発表した「神は死んだ」という宣言である。その約130年後、ニーチェの衝撃的な言葉を見事に否定したのが、あの和田アキ子である。「No more 悩み無用　あなたのカミきっと生えてくる」――カミは死んでいないと主張したのは有名な話。

自分の身の丈よりひとつ下の生活をしろ！

Hiroiki Ariyoshi／有吉弘行

MONEY

014

生活は簡単に、思想は高く

Ralph Waldo Emerson ／エマーソン『語録』

仕事がまったくなくて、ひたすら家に引きこもっていた頃、つくづく思ったのは、「金ないとゴミって出ないんだな」ってこと。

本当に金ないとゴミも出なくなるんですよね。買い物とかしないいし。最低限生きていくぐらいのものしか喰わないし。無駄なゴミって一切出ないです。

ゴミが出るうちは、まだ金に余裕があります。僕の場合は100円ショップで買った50枚入り45Lのゴミ袋で1年間余裕で大丈夫でした。1年どころか余りました、ゴミ袋が。それで何年もいけます。

エコバッグとかマイ箸とか甘いです。偉そうにエコバッグ持ってる人は、たぶん大家族の使い古した割り箸使えないと思うんですよ。もったいないから捨てないで、ずっと使い回してるきったね〜割り箸なんか。

それにエコバッグ作るからって工場を拡大したりするのも、はっきり言ってバカバカしいです。

「エコ」って、なんかオシャレな感じしますもん。「エコ」とか言ってる人たちは、しょせん無駄遣いできるからエコとか言うんです。

金ないと、1日1食で布団かぶって、1日中、家でじっとしてるんで「超エコ」です。動かないぶん、呼吸もあんまりしないんで二酸化炭素あんまり出ないし。電気代もったいないから昼間は電気つけないし。究極のエコです。

貧乏人は言われなくても根本が「エコ」ですから。ゴミも出ないし、二酸化炭素も出さない。貧乏は地球にやさしい究極のエコ生活です。

貧乏こそが地球にやさしい究極のエコ

Hiroiki Ariyoshi ／有吉弘行

【エマーソン】
1803〜1882。アメリカの思想家、哲学者。マサチューセッツ州ボストンに生まれ、18歳でハーバード大学を卒業し、21歳までボストンで教鞭をとる。その後、牧師となるが、自由信仰のため、教会を追われることに。その後、ヨーロッパへと渡る。帰国後は超絶主義を唱え、アメリカ文化の独自性を主張した。ちなみに、超絶主義とは、宗教にある神を超えた個人の内なる神、魂を崇拝することを意味する。最近、日本で「超絶」というと、オタクがアイドルライブで叫ぶ「超絶かわいい」コールくらいである。次元の低い超絶コールには、エマーソンも超絶嘆いていることだろう。

MONEY

015

金は肥やしのようなもので、
散布しない場合は役に立たない

／フランシス・ベーコン Francis Bacon 『随筆集』

甘い。

貧乏したことないんじゃないのか、こいつ。貧乏したことないから、こんなこと言うんです。こんなの、どん底知らないヤツが言うこと。

散布しちゃうと、「撒いた金、収穫できるかな？　どうかな？」っていう心の不安が生まれるから。わざわざ自分で持ってる金を散布する必要なんかない。それより、散布せずにしっかり持ってるほうが何倍も自分の役に立つっていう。

金って心の余裕だと思うんですよ。やっぱ貯金通帳にいっぱいお金貯まって、それ見ながらニヤニヤしてるほうが精神的な余裕は絶対できますから。

貯金通帳見ながら、「いつでも散布できるぞ！」って思ってるのが一番強いですよね。「いつでも金なんか撒けるぞ！」と思いながら、それでいて撒かないのが一番いい。「撒かずに今年も収穫できたな」っていうのがベストだと思います。

金は散布せずに持っているほうが役に立つ

Hiroiki Ariyoshi ／ 有吉弘行

【ベーコン】その3
名著『学問の進歩』の中で、ベーコンは学問についての批判的研究を行なった。それはアリストテレス以来、支配的であった演繹法、つまり目的によって事物を説明する方法を廃し、個々の事物から普遍的な法則を導き出す帰納法の優越を説いた。

MONEY

016

あたかも金に繁殖能力があるかのごとく、金に金を生ませるは最も不自然なり

アリストテレス　Aristoteles　『政治学』

僕、ギャンブルは一切やらないです。

「この金で賭けて、1発増やしてやろう」とか、そんな発想ないです。だいたい、ギャンブルやると金がなくなります。万が一、1発当てたとしても2発目は外します。それで結局、金なくなります、ほぼ確実に。だから僕、ギャンブルはしません。

儲け話にも絶対に乗らないです。世の中、うまい話がうまくいくわけないんで。うまい儲け話に乗ったら金なくします。だから僕、知らない人と口きかないようにしてます。

信用できないんで。

「金増やそう」なんて思っちゃいけないんです。増やそうと思えば減る。金ってそういうものです。

増やそうと思わないで「貯めよう」です。金があったら貯金する。それしかないです。

ギャンブルはやらない。知らない人と口きかない。儲け話は信用しない。騙されるヤツが悪い。定期預金と郵便貯金が一番安心！

それが僕の座右の銘です。

【アリストテレス】その2
アリストテレスの学問体系は「論理学」をあらゆる学問成果を手に入れる「道具」としたうえで、「理論」「実践」「制作」に三分し、さらに、理論学を「自然学」「形而上学」、実践学を「政治学」「倫理学」、制作学を「詩学」に分類した。

金は増やそうと思えば減る。貯めようと思え

Hiroiki Ariyoshi／有吉弘行

MONEY

017

仕事は高貴なる心の栄養なり

セネカ／Lucius Annaeus Seneca
『書簡集』

【セネカ】
B.C.ー～A.D.65。ローマ時代の政治家であり、哲学者。父親の大セネカと区別するため、小セネカとも呼ばれる。第5代皇帝ネロの家庭教師としても知られ、治世初期にはブレーンとして支えたことも。作家としても多くの悲劇や著作を記し、ラテン文学の白銀期を代表する人物でもある。最期は教え子ネロに自殺を命じられ、自害するという壮絶な人生を送った。

なんか、言ってることが国の人っぽいんですよね。

「税金欲しいんでしょ？　働かせて税金取りたいだけでしょ？」っていう。

役人っぽい、言ってることが。

しかもコピーがヘタ。

「仕事は高貴なる心の栄養なり」って、もうちょっと働きたくなるような言葉があると思うんだよな。

「働かせて税金取ろう」っていう狙いがわかりすぎる。魂胆ミエミエ。

こんなのなら、

「喰う、寝る、働く」

それぐらいのコピーのほうがまだいい。

しょせん、役人のやってるお役所仕事。こんなんじゃ、国民はもう騙されませんよっていう典型的なダメなキャッチコピーの見本。


所さんとかに言わせると、「趣味や遊びが心の栄養」

Hiroki Ariyoshi ／有吉弘行

MONEY

018

運は我々から富を奪うことはできても、勇気を奪うことはできない

Lucius Annaeus Seneca ／セネカ

そんなことはない。富を奪われてしまうと、勇気も奪われてしまいます。どんどん気持ちも弱っていきます。この人は金なくなったときの怖さを知らないんでしょう。

だから僕が始めたのが、500円玉貯金。仕事がちょっとずつ入るようになった頃から始めました。もらったギャラの中から500円玉だけ貯めて、いっぱいになると10万円っていうヤツ。

これやると確実に貯まるし、無駄遣いしないんで。いざ仕事なくなったときは、これあるとしばらく喰いつなげるし。

最初の頃は「どれぐらい入ってるのか?」って気になってしょうがなくて、いつも振ってました。そのうち、キッチリいっぱいになって開けてみたら15万円近くも入ってて、

「これすごいな！　５００円玉貯金、バカにできねーな」

って、なんか5万円得した気分になって、それ以来続けてます。今は貯まると30万っていうヤツで。

僕の場合は、「何か買うときは５００円玉貯金」って決めてます。万が一、欲しいものがあったとしても、「まだ５００円玉貯金がいっぱいじゃないからな」って、貯金箱がいっぱいになるまで買いません。パソコンが壊れたときも、「５００円玉貯金が貯まるまでガマンしよう」とか。

そこで「いいや、カードで」とか思っちゃダメ。ガマンできずにカードでパソコン買っちゃうと、「カードだからいいか」って、ついつい他のものまで買って、結局支払いで苦しむっていう。そこはガマンです、５００円玉貯金がいっぱいになるまで。

欲しいものは、地道にコツコツ５００円玉貯金で貯めて買う。それが無駄に金を遣わない秘訣です。

いざというときのために地道に５００円玉貯金

Hiroiki Ariyoshi／有吉弘行

【セネカ】その2
一時は自殺も考えたといわれるほど大病を患ったセネカは、療養のためエジプトへ渡る。当時、学問の中心都市のひとつであったアレクサンドリアでユダヤ人の古典や古代エジプト時代から受け継がれる思想を学び、上エジプトやイシス神殿を訪れた。これらの経験をもとに「エジプトの地理と宗教典令について」という書物を記し、のちに政治的な視野を広げることにつながった。

MONEY

019

この世で幸福以上の何かを求める人は、幸福の分け前にあずからなくとも不平を言ってはならない

エマーソン『随筆集』
Ralph Waldo Emerson

テレビに出てるような社長とか、デヴィ夫人とか、ああいう金持ちの人たちと会ったとき、ちょっと期待するものがあります。

「金くれるんじゃねーか」とか、「指輪くれるんじゃねーか」とか。

この前、カルーセル麻紀さんと食事に行ったときも、食事に行く前から、

「俺、金で買われたらどうしよう?」

とか考えてました。

「やっぱ、金くれるなら誘いに乗ろうかな?」

とか、全然誘われてもないのに、心の準備だけはしといて。
それで、いざ食事に行ったら、
当然何もなく。
それでも金持ちそうな人に会うたび期待はします。
「金くれるんじゃねーか」って。
ただ、1回も金もらったことないです。
無駄だとは思いますが、一応、期待だけはしときます……これからも。

【エマーソン】その2
日本語ではエマーソンの「マ」にアクセントがきがちだが、英語ではエマーソンの「エ」にアクセントがくるので、「エマーソン」というよりは、「エマソン」と発音するほうが近い。

〝金くれるんじゃねーか〟っていう期待はいつも裏切られる

Hiroiki Ariyoshi ／有吉弘行

MONEY

020

金はよい召使いだが、
場合によっては悪い主人でもある

Francis Bacon ／フランシス・ベーコン『随筆集』

僕とは考えが一致しないですね。完全に対立してます。まったく賛成できません。

僕は金の奴隷になることを恐れませんから。どんな悪い主人でもついていきます。悪い主人だろうが、いい主人だろうが、金には変わりないですから。

金は金。いいも悪いもなし。

拾った1万円も、汗水垂らして稼いだ1万円も、どっちも同じ1万円。頑張って稼いだ10万円も、パチンコで勝った10万円も、どっちも同じ10万円。稼いだ手段はどうでもよくて、1万円は1万円、10万円は10万円。目の前にある現実の金でしかない。

拾った金も、パチンコで勝った金も、誰かにもらった金も、一生懸命働いた金も、価値は同じ。

たとえどんなに悪い主人だろうが、金は金。僕はとことんついていきます。

金の奴隷になることを恐れず

Hiroiki Ariyoshi／有吉弘行

【ベーコン】その4
ベーコンが帰納法を用いて、人間の偏見、先入観を説明したものが「イドラ」と呼ばれるものである。以下の4つに大別される。①種族のイドラ（人間という種族そのものによる偏見）②洞窟のイドラ（個人的偏見）③市場のイドラ（言語による偏見）④劇場のイドラ（伝統的思考による偏見）である。怪獣の名前と混同しやすいが、頭にキングがつくのはギドラのほうである。

MONEY

021

自分の持っているものを十分に自分にふさわしい富と考えない人は、世界の主となったとしても不幸だ

Epikouros／**エピクロス**

どんなにうまくても、カレーやオムライスが2000円だとか、どんなにいい生地使ってるからってTシャツが1万円だとか、絶対にあり得ない。

「カレーと申しましても当店は最高級の松阪牛を使用しておりますので…」とか、「Tシャツと言いましても、当店は従来の中国製ではなく職人さんが手作りで…」とか、そんなの一切関係ナシ！

しかも高級ホテルのレストランとか、高級ブランドの店なら、最初から敵だと認識してるから間違っても足も踏み入れないし、そんな値段だと聞かされても、「ふっ、まだ

【エピクロス】
B.C.341〜B.C.270。古代ギリシアのヘレニズム期の哲学者。エピクロス派の始祖であり、快楽主義などで知られている。エピクロスは、現実の煩わしさから解放された状態を「快」とし、人生をその追求のみに費やすことを主張。肉体的快楽とは異なる精神的快楽を重視しており、肉体的快楽を「苦」と考えた。ちなみに有吉は肉体的苦痛を「快」ととらえる傾向にある。

そんなアコギな商売やってんのか」って無視するけど、商店街のお気軽な食堂のフリして、

「実はウチ、老舗なんですよ」

これはズルイ！

食虫植物みたいに気配を消して、飛び込んできた獲物を捕まえるみたいなやり方。

うまかろうが、まずかろうが、カレーやオムライスは８００円まで！　８００円までならカレーにウンコがかかっててもガマンする。「店のチョイスを間違えた自分が悪いんだ」と、無理やりにでも納得させて。

たとえ、どんなに金持ちでも、カレーやオムライスに２０００円出すヤツは鼻クソ以下！

どんなにうまくても８００円まで!!

８００円以上のカレーはウンコ以下！

Hiroiki Ariyoshi ／ 有吉弘行

MONEY

022

あるものはあり、ないものはない

Parmenid's／**パルメニデス**『自然について』

金融屋に言ってはいけない言葉です。

「あるものはあり、ないものはない」

「テメェー！　ふざけたこと言ってんじゃねーぞ！」

借金取りが来たときに言うと、ブン殴られます。

同義語は「デフォルト（債務不履行）」。

「デフォルトです」

「テメェー！　人から金借りといて踏み倒すつもりか！」

どちらも相手を間違えて使うと、とんでもない目に遭うので要注意！

それ以外の使用例としては、晩ご飯のおかずがないときに、お母さんが言う言葉。

「お母さん、何かおかずないの？」

「ないものはないのよ！　パルメニデスも言ってたでしょ！」

それで子供を納得させようとしたりして。

……そんなお母さんは嫌。

【パルメニデス】
B.C. 500かB.C. 475～没年不明。ギリシャの哲学者。南イタリアの都市エレア出身でエレア派の始祖。祖国エレアのために法律を制定したとも言われる。また、パルメニデスは合理主義の祖とされているが、ヒルナンデスは日テレの昼番組の祖ではない。

金融屋に言ってはいけない言葉の典型

Hiroki Ariyoshi ／ 有吉弘行

MONEY

023

金は必要からのみ金を求める連中を回避する

Emile-Auguste Chartier ／アラン『幸福語録』

回避しませんよね？
回ってきますよね、必要から金を求める連中のところに。
やっぱり銀行に一番金集まってきますもんね。
「〝金が欲しい！〟なんて思っちゃいけない」みたいな言葉に騙されちゃダメです。
やっぱ、金は必要です。
誰がなんと言おうと、世の中やっぱり金！

【アラン】その2
アランは著書『幸福論』で、健全な身体によって心の平静を得ることを主張し、不運やつまらない物事に対して上機嫌に振る舞うこと、社会的礼節の重要性を説いた。今日、アランの『幸福論』は「三大幸福論」のひとつに数えられている。

金は必要とする連中のもとに集まる

Hiroiki Ariyoshi ／有吉弘行

MONEY

024

最上の死は予《あらかじ》め考えられなかった死である

Michel Eyquem de Montaigne ／モンテーニュ『随想録』

今、一番欲しいものは、遣いきれない金。
10億円くらいもらえれば、あとはもう何もいりません。
「もう不安ないな〜」って安心できます。
安心したところで、「将来の不安なくなったしな。よし、死のう！」って死ねます。
なんの不安もなく、すぐに。
死ぬときは、それぐらい気持ちよく死にたいです。

最上の死は使いきれない金持って死ぬことである

Hiroki Ariyoshi ／有吉弘行

【モンテーニュ】
1533〜1592。ルネサンス期のフランスを代表する哲学者。現実の人間を洞察し、人間の生き方を探求した主著『エセー（随想録）』は母国フランスのみならず、各国に影響を与えた。また、死去するまで生涯『エセー』の加筆と改訂を続けた。

MONEY

025

「人間は、もはや誇りを持って生きることができないときには、誇らしげに死ぬべきである」

Friedrich Wilhelm Nietzsche／ニーチェ『偶像の黎明』

今、一番不安に思っていることは、結構長く生きちゃって、金の心配をすること。

たとえば、僕が万が一、80歳まで生きちゃったとしたら、「俺、もう1回苦労するな」と思うんですよね。現実問題、やっぱり年取ってから金ないのが一番辛いと思うんで。変に長生きしちゃって金に苦労するのが一番怖いです。

だから「今の貯金使い果たすぐらいの年齢で死ぬのが一番いいな」って思うんです。今貯めた貯金がまた底尽いて、「やべー！　貯金ねーよ」って60歳ぐらいで思ったら不安でしょうがないから。だったら早いこと死んじゃいたいなって。

ちなみに計算上、僕が死ぬ一番いい年は、65歳です（2012年3月現在）。


変に長生きして金の心配するよりも、金なくなったら死んだほうがマシ

Hiroiki Ariyoshi ／ **有吉弘行**

【ニーチェ】その3
ニーチェによって生み出された「永劫回帰説」とは、世界は何か目標に向かって動くことはなく、現在と同じ世界を何度も繰り返すという概念である。これは不快や苦悩を来世の解決に委ねてしまうクリスチャニズムの悪癖を否定。どのような人生であっても、無限に繰り返し生き抜くという「超人思想」につながる概念と言える。

Ⅲ — 働について

WORK

026~041

WORK

026

「純粋な喜びのひとつは、勤労後の休息である」

Immanuel Kant／カント『断片』

「仕事って、なんでやるのかな？」と思ったら、やんなきゃ死ぬからだと思うんです。それだけ。やんなくても一生喰えるっていうぐらいの金持ってりゃ、やらないと思うんですよ。

「仕事してるから遊びも楽しい」とか、「仕事もしないで、ただ毎日、遊んで暮らしてても楽しくない」とか言ったりしますけど、遊んで暮らせる金持ってりゃ、それほど楽しいものはないです。

実家が大金持ちの娘を捕まえて結婚するとか、すごい金持ちの家の養子になって莫大な遺産受け継ぐとか、そうなりゃ、一生遊んで暮らせます。一生暮らせるだけの金があったら仕事やんないです。毎日、好きなことして生きていきます。

でも、現実問題、そうはならないんで、やっぱり生きるためには仕事するしかないです。

【カント】その2
物事の見方が180度変わってしまうことを比喩した「コペルニクス的転回」という言葉は、カントが自身の哲学を評して使った言葉である。従来、人間外部の事象について分析を加えるものだった哲学を、カントは人間それ自身のための探求のために再定義してみせたため、このように言う。

やらなきゃ死ぬからやるのが仕事

Hiroki Ariyoshi／有吉弘行

WORK

027

乞食は一掃すべきである けだし何か恵むのもしゃくにさわるし、何もやらないのもしゃくにさわるから

Friedrich Wilhelm Nietzsche ／ニーチェ『曙光』

僕、ホームレスの人たちのこと、尊敬してます。あの人たちのハートの強さに憧れます、本当に。

心折れますよね、普通。

弁当の残りものを食べたりとか、風呂も入らずに寒いところで寝てたりとか。それでいて「刑務所なんか入りたくない」と思って犯罪も犯さずに、強盗しないし、まして喰い逃げもしない。すごい強いなと思います。

ホームレスをやってる理由は、人それぞれ様々なんでしょうけど。なかには「もう1

回のしあがってやろう！」って思って、頑張ってホームレスやってる人もいるんでしょう。けど、あれだけ過酷な姿を人前に晒してても、堂々とその辺で寝てられる気持ちの強さはすごいと思います。

まわりからすれば、「ホームレスやってないで働けよ！」とか、「恥かいてでもいいから仕事もらえよ！」とか言う人いるでしょうけど、そんなこと言われても働かないところもすごい。せいぜい空き缶集めとか雑誌拾いとか段ボール集めとかで、「それ以外の仕事はしねーぞ！」っていう強い信念を感じます。仕事にもこだわりを持ってます。

ホームレスの人たちっていうのは、ストイックで、気持ちが超強い人たちなんです。

あの人たちの〝折れない強い気持ち〟本当に尊敬します。

【ニーチェ】その4
ニーチェの妹・エリザベートがニーチェのメモをナチスに売り渡してしまったことで、ニーチェの思想はナチスのイデオロギーにも利用されたと言われている。しかし、ニーチェの思想というものは、ナチズムや反ユダヤ主義と相反するものであったと、のちに様々な思想家が主張している。しかも、ニーチェは反ユダヤ主義には強い嫌悪感を抱いており、妹のエリザベートが反ユダヤ主義の男と結婚した際は怒りの手紙を送りつけているほどだったという。性別は違えど、兄弟確執という意味では若貴兄弟の先駆け的存在だ。

ホームレスのハートの強さ、尊敬します

Hiroiki Ariyoshi ／有吉弘行

WORK

028

野獣は野獣を知る
同じ羽毛の鳥はおのずから一緒に集まる

Aristoteles／**アリストテレス**『修辞学』

まさにその通りで、ちょくちょく番組で一緒になるような芸人って、だいたい同じぐらいのギャラだったりするんですよ。まあ、使うほうも同じぐらいのギャラの芸人集めたほうが、番組としてやりやすいっていうのもあると思うんですけどね。

同じぐらいのレベルの人間って自然と集まるものなんですよね。世間的にいっても、貧乏人は貧乏人で集まるし、金持ってる人間は金持ってる人間で集まるし。だいたい同じぐらいの収入同士が集まりますよね、不思議と。

ただ、同じ芸風の芸人はあんまり一緒に集められないんですよね。毛色の違う芸人が集合させられちゃうから。番組的には、そっちのほうが盛り上がるんで。

同じ芸風の芸人が集まるのは、『お笑いウルトラクイズ』ぐらいですかね。ダチョウ倶楽部とか、出川さんとか、たけし軍団とか、リアクション芸人が集められるんで。

それでいうと、出川さんは上島さんのこと認めてますし。上島さんは出川さんのこと認めてるし。お互い認め合ってますから。

確かに、野獣は野獣を知ってますね。

【アリストテレス】その2
アリストテレスは軍に入隊し、除隊後は薬売りに。17歳でプラトンが主催する学園アカメディアに入門。20年間、学生として学んだのち、アカメディアの教師として後進の教育に当たった。その後、のちのアレクサンドロス大王の家庭教師となるが、王子が即位したあとは、自らの学園リュケイオンを開いた。どうでもいいが、「自らのリュケイオン」と「創世のアクエリオン」は似ている。

出川哲朗は上島竜兵を認め、上島竜兵は出川哲朗を認める
野獣は野獣を知っている

Hiroki Ariyoshi ／ 有吉弘行

WORK

029

重要なことは何を耐え忍んだかということではなく、いかに耐え忍んだかということだ

Lucius Annaeus Seneca／セネカ

いや、違います。

耐え忍べばいいかっていうと、そうでもない。

僕は世の中で一番無駄なものって「下積み」だと思うんですよね。「下積み10年になります」とか言うと、「頑張ってるよね」みたいに感心されて、下積みって、いいことのように思われがちですけど、ちっともいいことないっていう。本当に仕事できるヤツは、もうとっくに芽が出てるよって。

下積み10年とか20年とかいうヤツは、その仕事向いてないんだってことに「もっと前に気づけよ！」って思います。芸人とかタレントでも、本当にスターになる人はすぐに

スターになってるし。

「芸人目指してます！　もう10年以上もコンビニでアルバイトしながら頑張ってます」っていうのは、それはもう下積みじゃねーって。それは「コンビニの店長になるための下積み」であって、「芸人になるための下積み」じゃないっていう。

まあ、なかには、下積み経験からなんとか売れた人もいるけど、でも、本当は他の仕事のほうがよっぽど早く花が咲く仕事があったんだろうなって思うんですよね。

「今はまだ下積みですから」とか言って、ずーっとガマンして、誰かの下でやりたくもないような仕事続けてたりする人は、もっと他の仕事探したほうがいいです。

下積みって、本当に無駄だなと思います。

下積みが長いのはその仕事が向いてない証拠

Hiroiki Ariyoshi ／ **有吉弘行**

【セネカ】 その3
セネカは多くの悲劇、著作を記し、ラテン文学の白銀期を支える人物としても知られている。彼の書いた悲劇はのちに英語にも翻訳され、シェイクスピアなどのエリザベス朝の演劇にも多大な影響を与えた。

WORK

030

私が私の顔を知るのは、むしろ反対に他人の顔によってである

Jean-Paul Charles Aymard Sartre ／ **サルトル**

確かに、自分がやりたいことよりも、人から「キミには、こっちのほうが向いてるんじゃない」って言われることのほうが向いていたりします。

だから「人から見た自分」のほうが正解だったりするんですよね。

「自分はもっとできるはずだ！」とか、「自分の力はこんなもんじゃない！」とか、「自分のことをちゃんと評価してくれない」とか、「もっと大きな仕事を任せてほしい」とか。

自己評価と喰い違ってストレスに感じる人もいるだろうけど。

だけど万が一、もっとできるなら、自分が言わなくても大きな仕事が回ってくるだろうし、人が見て〝その程度〟だから〝その程度〟の仕事しか回ってこないんですよね。

人から見た自分の評価が「本当の自分の実力」ってことです。自分はどう思っても、世間じゃ「こいつはこの程度だよな」って見られてるんだから、しょーがないっていう。

「人から見た自分」、それが自分の実力なんです。

【サルトル】その2
サルトルは想像力の実験のため、友人の医師によってメスカリン注射（日本では麻薬に指定）を受ける。このときに、全身をカニやタコに這い回られる幻覚に襲われ、その後も幻覚を伴う鬱症状に半年以上も悩まされることとなった。このことがきっかけで、サルトルは甲殻類に対する恐怖が生涯続いたという。

人が見て〝その程度〟だったら、自分の実力は〝その程度〟

Hiroki Ariyoshi／有吉弘行

WORK

031

人の不幸はほとんど反省によってのみ生まれる

Joseph Joubert ／**ジューベル**『パンセ』

僕ら芸人だと、たとえば仕事がなくなったときに、誰を恨むわけでもなく、真っ先に「自分がダメだった」って反省するんですよ。

「あの番組のあの場面で、なんで俺あんなことしたんだろう?」とか、「あのときの発言がおもしろくなかったから仕事なくなったんだ…」とか、「あの番組で力出し切ってなかったから、プロデューサーに嫌われたんだ…」とか。全部、自分が悪いんだって方向にどんどん自分を追い込んでいっちゃうんですよね。

そこで、「こうなったのは事務所のせいだ!」とか、「あんな仕事入れた事務所が悪い!」とか言えればいいんですけど、もしそんなこと言っちゃうと、「有吉くん、じゃあアナタあの番組でさあ…」って、僕の悪いところを100個ぐらい言われそうで怖いっていう。

だから「仕事なくなったのは、事務所のせいだ！」なんて口が裂けても言えないです。もし口滑らせたら、そのときは僕、確実に追いつめられます。

その点サラリーマンだと、仕事がうまくいかないとか、給料上がらないとか、それこそクビにされたとか、そういうときに、

「会社が悪い！」

って言っとけばいいと思うんですよ。そこは会社のせいにしていいんですよね。そのほうが発散できますから。

「なんで俺をクビにするんだ！」とか言ってるほうが、なんかパワーがある感じがするし、「まだお前いけるよ、大丈夫！」って、はたから見ても思えるんで。

そこで、「自分が悪い」とか思うとダメです。どこにも発散できずに全部自分に溜め込んじゃうから。

だから、都合の悪いことは自分のせいにしないで、「全部、会社が悪い！」って言ってりゃいいんですよ。

【ジューベル】
1754〜1824。著書『パンセ』で知られるフランスの哲学者。『パンセ』は彼の死後に発表されたものであり、生きている間に出版物を出すことはなかった。その代わりに、彼の考えや哲学についてしたため手紙やメモは膨大な量であった。彼の死後、妻が作家シャトーブリアンに託し、彼の手によって『パンセ』が誕生した。ちなみに、マリオに激似だった横浜の外国人選手の名は「ポンセ」である。

自分が悪いと思うと、とことん追いつめられる

Hiroki Ariyoshi／有吉弘行

WORK

032

「人生には進歩と退歩の2つしかない 現状維持とはつまり退歩している証なのだ」

Friedrich Wilhelm Nietzsche／ニーチェ

真逆です。

現状維持は進歩です。退歩どころか進歩してます、確実に。

現状維持がどれほど難しいか。どんどん年も取っていくし、体力も落ちていくし、そのなかで現状維持するために、どれだけ努力しなきゃいけないかっていうことです。

プロ野球選手でも、年棒を維持することがどれだけ大変なことか。芸人が飽きられないように、お笑い界でポジションを維持していくのがどれだけ難しいか。たいていは「現状維持すればいいや」と思っていると、気がついたら前より落ちてるっていうパターンに陥ります。「レギュラー番組3本あるから、これ維持しとけば楽して喰えるな」って楽勝で構えていると、結局飽きられて、その3本ともなくなるっていう。

その点、ダチョウ倶楽部は究極の現状維持トリオです。そもそも目標が「現状維持」っていうすごい人たちなんで。

でもそこで現状維持できるのは、やっぱり実力があるからなんですよね。普通はそこで現状維持できずに落ちるっていうパターンなんで。

だから現状維持って、すごいなって思うんですよ。ダチョウ倶楽部を見てると、つくづくそう思います。

現状維持は進歩です。

現状維持は進歩

Hiroiki Ariyoshi ／有吉弘行

【ニーチェ】その5
ニーチェは自らの先祖がポーランド貴族であることを常に意識し、公にしていた。あるときには「ドイツが偉大な国家であるのは、ドイツ人の中にポーランド人の血がたくさん入っているからである。私は自分がポーランド人の子孫であることを誇りに思っている」と述べている。

WORK

033

人は必要に迫られるとすぐに実力を発揮する

／ピタゴラス Pythagoras

……いや、違う。間違ってますね。

芸人にも「楽屋番長」みたいな人がいて、その人たちって楽屋で超実力発揮しますから。でも、本番になるとやっぱり実力出ないっていう。

出ないでしょうね、必要に迫られると。できない人がほとんどですよね。迫られると無理。

そう考えると逆ですね。ひな壇の一番前に座らせるよりも、3段目とか後方にいるほうが、

「俺、必要じゃねーからな」

って思うから、逆に実力バンバン出ちゃったりするんで。期待されないほうがいいです。

それに、こういう言葉が流行っちゃうと、今の時代、ニートとかがこれ言い訳にしちゃいますよ。

「俺、いつかやろうと思えばできるから」

それで、いつまでもやらないっていう。

ダイエットとかも一緒で、

「必要に迫られたら、いつでもできるから」

なんて言ってて、40過ぎちゃうと代謝が落ちちゃって、もう体重落ちねーみたいなことになっちゃうし。

言い訳ですね、この言葉は。こんなのは、しょせん怠け者の発想。

必要に迫られて実力発揮してできるのは、小学生の夏休みの宿題レベル。

「人は必要に迫られると実力を発揮できない」が正解。

必要に迫られると実力出ない人がほとんど

Hiroiki Ariyoshi／有吉弘行

【ピタゴラス】
B.C. 582～B.C. 496。古代ギリシャの数学者であり、哲学者。三角形の辺の関係を表わした三平方の定理（ピタゴラスの定理）などで知られるが、現在、日本で「ピタゴラス」の名は「ピタゴラスイッチ」のほうが馴染み深くなっている。彼はイタリアのクルトンでピタゴラス教団を立ち上げ、五芒星をシンボルマークとした。ちなみに、前述の三平方の定理もピタゴラス個人によるものではなく、この教団によって見出されたものである。

WORK

034

あなたがたの実力以上に有徳であろうとするな　できそうもないことを己に要求するな

Friedrich Wilhelm Nietzsche／ニーチェ『ツァラトゥストラはかく語りき』

ニーチェに激しく同意します。
実力以上のことをしようとしても無駄。
できそうもないことをしようとするから痛い目を見るのです。

【ニーチェ】その6
ニーチェの精神が崩壊した際の逸話としては、広場で御者に鞭打たれる馬を見て奮い立ったニーチェが、その馬を守ろうと駆け寄り、馬の首を抱きしめながら泣き崩れ、やがて昏倒したというものがある。こういった症状は、学生の頃に移された脳梅毒の悪化により、幻覚を見るようになったためとの説もある。

自分の実力以上のことをしようとしても無駄

Hiroki Ariyoshi／有吉弘行

WORK

035

万物は流転する

ヘラクレイトス／Hérakleitos

人気とは……

……信用できないもの。

【ヘラクレイトス】
B.C.540~B.C.480。古代ギリシャの哲学者。友人が民衆によって追放されたことに激怒し、政界から手を引く。その後は神殿に退き、子供たちとサイコロ遊びに興じたため、人々が不審に思い、理由を尋ねると、これまた激昂し、「お前たちと政治に携わるより、このほうがマシだ！」と答えたという。また、水腫に罹ったが、医者に見せることを拒み、自分で治療を試みて死んだという。ニッポンの九州男児も真っ青なとんだ頑固オヤジである。

人気は流転する

有吉弘行／Hiroiki Ariyoshi

WORK

036

乞食は純粋のブルジョアだと言ってよい
というのは、彼はもっぱら哀願にのみ
依存して生きているのだから

Emile-Auguste Chartier ／アラン『人間語録』

最近のホームレスは勤勉

Hiroiki Ariyoshi／有吉弘行

最近のホームレスは勤勉。

現代社会で、リヤカーにあんなに段ボール積んで、空き缶集めたりして働いてる人、いないですもん。今どき、あんな働き方してる人いませんよ、ホームレス以外には。

ホームレス界も上下関係があって結構大変だし。先輩後輩とか厳しい縦社会ですからね。ただ落ちてる雑誌拾ってくりゃいいってもんじゃないんですよね。上層部に上前はねられるし。炊き出し喰ってりゃ生きられるって生易しいもんじゃないです。

ホームレスも今や働かなきゃ喰えない時代です。不景気だから。

働いてないように見えて、実は働いてるんです。

アランにこう言いたいです。

時は流れて、ホームレスもよく働きますよ、最近は。

【アラン】その3
アランは平和主義と反戦思想を持ちながらも、46歳のときには第一次世界大戦に志願して従軍。のち、教職に戻る。65歳で教職を引退し、亡くなる83歳まで執筆活動を続けたという。

WORK

037

なんじの敵には軽蔑すべき敵を選ぶな
なんじの敵について誇りを
感じなければならない

Friedrich Wilhelm Nietzsche／ニーチェ『悲劇の誕生』

なんか言ってることが『少年ジャンプ』っぽい。

なんていうか、言ってることが幼い。

この人、一生童貞だったんですよね。

やっぱ童貞の考え方ですよ。ちょっとやっぱり青いですもん、言ってることが。世間知らずで幼稚。

「好敵手」って書いて「ライバル」って読ませたいタイプの人ですよね。そこが『少年ジャンプ』みたいな感じがするんです。

敵に誇りなんか感じる必要ないです。戦うのは、明らかに自分より下のレベルのヤツでいい。〝絶対勝てる！〟っていう相手しか選んじゃダメです。自分と同じレベルとか、間違っても自分より上のレベルの相手と戦っちゃいけないんです。負ける可能性がある相手を選んじゃダメ。

だから僕の場合、深夜のゆる～いバラエティ番組で、バカなアイドル相手にして、ひと言ふた言ツッコんで笑いを取るっていうのが最高に効率のいい仕事です。ゆるい相手にちょっとおもしろいこと言ってれば、

「有吉、やっぱりおもしれーよ！」

って、視聴者の僕に対する評価も上がるっていう。

敵に誇りなんか感じる必要なし！

【ニーチェ】その7
ニーチェは、ルー・ザロメに恋をした。共通の友人であるパウル・レーを差し置いて、ザロメの後を追い回した。そして、ついにザロメに求婚するがNG。レーも同じ頃ザロメに結婚を申し入れて、同様に断わられている。のちに、3人の関係は終焉を迎えることとなるが、この三角関係の破綻の原因は、ニーチェの妹がニーチェとザロメの仲を引き裂くために企てた戦略だと言われている。結果、ザロメとレーはニーチェを置いて、ベルリンで同棲生活をスタートさせることとなった。

戦うなら絶対に勝てる相手を選ぶこと

Hiroiki Ariyoshi／有吉弘行

WORK

038

他の人々は喰わんがために生き、己自身は生きんがために喰う

Sókratés／ソクラテス

昔、全然仕事がなかったときに、情報番組で〝食レポ〟やってました。

どこかの店とか行って、その店のもの食べて、

「うまいですね〜！　まさに海の宝石箱や〜！」

彦摩呂さんみたいにレポートする仕事です。

あれ、ただ「うまい！」だけ言っても、テレビ観ている人に伝わらないんで、いろんな表現で料理の味や食感をレポートしないといけないんですよね。

その点、僕の表現力のなさったら天下一品でした。

トロを食べると、「肉みたいなトロですね〜」。

肉を食べると、「トロみたいな肉ですね〜」。

自分でも恐ろしいほどの表現力のなさです。

いまだかつて僕がやった仕事のなかで、もっとも向かない仕事だと思います。

いくら仕事なくて金稼ぐためとはいえ、〝食レポ〟だけは絶対やっちゃいけない仕事でした。

でも良い顔はできますので、オファーは喜んで。

【ソクラテス】
B.C. 469〜B.C. 399。古代ギリシャの哲学者。ソクラテス自身は著述活動を行なっていない。彼の思想は弟子のプラトンやアリストテレスによって紹介されている。ソクラテスが特筆される理由としては「無知の知」に代表されるような「知っていること」「知らないこと」の境界線をめぐる異常なまでの探究心、執着心、節制した態度にあるという。ちなみに、弟子が師匠のエピソードを紹介していくスタイルは、現在、竜兵会にも継承されている。

いくら金のためとはいえ、やっちゃいけない仕事もある

Hiroiki Ariyoshi／有吉弘行

WORK

039

〝何もしないよりはなんでもいいからせよ〟という原理がすべての文化の高級な趣味の息の根を止める

Friedrich Wilhelm Nietzsche／**ニーチェ**『悦ばしき知識』

たまにディレクターとかプロデューサーに、「有吉くんの好きな感じの番組でも、深夜に1本ぐらいやってみる？」なんて言われたりします。

だいたいそういうときには、「まあ社交辞令みたいなもんだろう」って思うんで、こっちも適当に愛想笑いのひとつでもして、「やりたいですね〜！」なんてニコニコしながら返事したりします。

たまに、そこでもう一歩詰められて、

「でさ、何やりたい？」

って聞かれると困るんです。

ないんですよ、やりたいこと。やりたい番組とか何もないんですよね、本当に。

だから「何やりたい？」って聞かれると、「ないんですよね〜」って。

そのとき、「俺、最低だな」って思います。

「やりたいことがないって、何？」って。

ここ何十年ずっと、与えられたことをきっちりやろうとしか考えてきてなかったから、「これやってみたい！　あれやってみたい！」ってことがないんですよね。自分からやりたいことが思いつかないっていう。

でも、そこで無理して「やりたいこと」探すのも大変だし、今のところ特にやりたいことでもないんで。

だから、やっぱり僕は、

「やりたいことないんですよね〜」

って、これからも言うと思います。

無理してやりたいことを見つける必要もなし

Hiroiki Ariyoshi ／有吉弘行

【ニーチェ】その8
1879年、激しい頭痛を伴う病によって、ニーチェは体調を崩す。子供の頃から極度の近眼で発作的に何も見えなくなったり、偏頭痛や腹痛に悩まされるなど様々な健康上の問題を抱えていたことに加え、10年ほど前の落馬事故やジフテリアに罹った悪影響などの原因も大きかった。このとき、バーゼル大学の教授だったニーチェは勤務にも支障をきたすようになったため、大学を辞職。以降は執筆活動に専念するようになる。ちなみに、ニーチェの著作の多くは彼が教壇を降りてから執筆されたものである。

WORK

040

欺かれる者は欺かれない者よりも賢く、欺く者は欺かない者よりもよい

Søren Aabye Kierkegaard／**キェルケゴール**『人生行路の諸段階』

「有吉さん、次の目標はなんですか?」なんて聞かれたりします。「次、もし仕事がなくなりそうになったらどうしますか?」とか。

猿岩石で一応〝アイドル〟やって、〝毒舌タレント〟って呼ばれるようになって、「じゃあ、次は何?」ってなったときに、

「やっぱり好感度タレントだよな」

って思うんですよ。そこは振り幅が大事なんで。〝毒舌タレント→好感度タレント〟ぐらい、振り幅があったほうがいいと思うんですよね。

ここから好感度上げるのは結構簡単だと思うんですよ。今までの逆いって、感動話のVTRとか見て泣いたりしてりゃ、簡単に上がると思うんですよ。ニコニコしてテレビ

に出てりゃ、意外と簡単に好感度なんて上がるもんなんで。

「有吉泣いてるよ！　実はいいヤツなんじゃん！」って思わせるだけで、簡単に騙せるっていう。

そこで、さらに子供でも作って〝好感度ナンバーワン目指す〟っていうのが次の目標ですね。

「有吉みたいなあんなクズがこんないい人になるなんて、子供ってすごいね！」って感動されたり、「子供が生まれたら、人間ってこんなに変われるんだ」って思わせれば、好感度アップ間違いなしだと思うんですよ。世間から〝いいお父さん〟みたいに見られたりして。

次のピンチのとき乗り切るのは、そっちの方向しかないと思ってます。

「子供作って、好感度ナンバーワン目指す！」

それが僕の次の目標です。そこが世間を騙しきったゴールだと思います。

目標は好感度ナンバーワン！　世間を騙しきってゴールする

Hiroiki Ariyoshi／有吉弘行

【キェルケゴール】1813〜1855。デンマークの哲学者。一般的に実存主義の創始者として知られている。彼は当時、とても影響力の強かったヘーゲル哲学と、形式ばかりにこだわるデンマーク教会に対する痛烈な批判者であった。日本語表記では「キェルケゴール」だが、デンマーク語に沿った発音では「キアケゴー」であるらしく、この誤解は当時の研究者がデンマーク語の音をよく理解していなかったせいらしい……。

WORK

041

幸福は人生の意味および目標、人間存在の究極の目的であり狙いである

Aristoteles／**アリストテレス**

叶っちゃうようなものは「目標」。
叶わないレベルが「夢」。

目標ですら叶えるのは結構大変

Hiroki Ariyoshi／**有吉弘行**

【アリストテレス】その3
アリストテレスによる書き物は、もともと550巻ほどあったとされているが、そのうち現存しているのは、およそ3分の1ほどだという。様々な経緯を経て、アンドロニコスの手に渡り、紀元前30年頃に整理、編集された。それが現在の『アリストテレス全集』であり、したがって、アリストテレスが意図したものと異なっている可能性も高いと指摘されている。

Ⅳ
性について

SEX

042~055

SEX

042

あらゆる人は同等である　それを異なるものにするのは生まれではなくて、徳にあるのみ

Voltaire／ヴォルテール『断片』

「世の中で一番平等なものって何かな？」って考えたとき、僕、風俗だと思うんですよ。風俗って客に平等なんですよ。あんまり表裏がないんですよね。お金さえ払えば、客として平等に扱ってくれるっていう。「いただいた金額のぶんのプレイはちゃんとしますよ」っていう、そういう姿勢です。

仕事がなくて、全然テレビとか出られなかったときでも、お金さえ払えば、売れてるときと同じように扱ってくれましたから。売れてるときと売れてないときの扱いが全然変わらないのは風俗だけでした。世間の人たちが売れなくなった僕のことを「あいつ有

吉じゃん、まだいたの?」みたいに蔑んだ目で見てたときも、風俗だけはそれまでと同じように扱ってくれました。

プロですね。目の前の1万5千円しか見えてないんですよね、あの人たち。金があろうがなかろうが、売れてようがいまいが、1万5千円払えばもう平等に扱ってくれる。僕のこと、「1万5千円ぶんの客」としか見てないですから。

ホント風俗だけですよ、そんなの。世の中で一番平等だと思います。

【ヴォルテール】

1694～1778。啓蒙主義を代表するフランスの哲学者。本名はフランソワ=マリー・アルエ。ヴォルテールという名は、アナグラムの一種だった、小さい頃からのあだ名「ヴォロンテール」(意地っ張り)をもじったなど、諸説ある。ちなみに、玉袋筋太郎は以前、かに道楽の面接に落ちたことから、殿に「かに道楽落ち太」という芸名をつけられそうになったとか。

風俗ではあらゆる人が平等。金あるのみ

Hiroiki Ariyoshi／有吉弘行

SEX

043

苦しみをともにするのではなく、喜びをともにすることが友人をつくる

Friedrich Wilhelm Nietzsche／ニーチェ『人間的な、あまりに人間的な』

風俗だけです、僕が本音を出せるのは。

唯一、本当の自分を受け止めてくれる場所。その瞬間だけ、本当の自分を出せます。

たとえば彼女とか奥さんとか、どうしてもガマンできなくて、本当の自分を出しちゃったら、その瞬間に、すべてがガタガタ崩れ落ちそうでしょ。

「俺、こういうのが実は好きで…」って。

それで家庭崩壊したりするかもしれないと思うと、安易に本当の自分を出せません。

その点、風俗嬢っていうのは、

「俺、実はこういうプレイが好きで」

って言ったとしても、結構受け止めてくれるような気がするんですよね。いろんな趣味の人を相手にしてるから、何言っても「何この人！」ってすぐに引いたりしないし。万が一、風俗嬢に「この変態！　無理！」って断わられたとしても、そのときだけの付き合いだし。しかもあの人たち、口堅いし。

本当に親友を作るなら、風俗嬢と親友になりたいです。唯一、心を許せる存在です。信頼関係を築けると思います。

風俗嬢5人ぐらい親友に欲しいです。そうすれば思う存分、本当の自分をさらけ出せると思います。

風俗嬢の親友求む！

Hiroiki Ariyoshi／有吉弘行

【ニーチェ】その9
博士号も教員資格もなかったニーチェだが、24歳のとき、リッチュルの「長い教授生活のなかで彼ほど優秀な人材を見たことがない」という強い推挙を受け、バーゼル大学から古典文献学の教授として招聘されるという異例の大抜擢を受けた。バーゼルへ赴任するにあたり、ニーチェはスイス国籍を取得しようと、プロイセン国籍を放棄することとなる。しかし、実際はスイス国籍は取得しておらず、その後は終生、無国籍者として生きることとなった。

SEX

044

すべて人間は生まれながらにして知ることを欲する

Aristoteles ／アリストテレス『形而上学』

どうしても知りたくなるときがあります。

最初はそんな気、全然なかったけど、「この店は、ひょっとしてエロマッサージ店なのか？」って思ったとき。

たとえばホテルに呼んだ指圧みたいなマッサージとかでも、ちょっとキンタマ触られたりとか、偶然でもそういうのされると、

「ん？　どっちだ？」

って、ちょっと探ってみようかなって。そこで、

「スペシャルありますか？」

って聞いたら、「うん」って言ってくれるんじゃないかっていう、その感じが一番楽しいです。

本当はそういうサービスはないんだけど、個人的に、その人が僕に対してだけＯＫしてくれるんじゃないのか？　とか。ワクワクするというか、ドキドキするというか。なんか恋愛にも似た駆け引きというか。お互いの気持ちの探り合いみたいな。

たまたま偶然キンタマに触っただけかもしれないのに、どんどん妄想が膨らんで、

「一体どっちなんだ！」

って。知りたくてたまんないのに、最後までとうとう聞けないで終わる……みたいな。

もちろん、相手のマッサージ嬢は若くてキレイな人がベスト。

状況次第では、最悪オバサンでもよし！

【アリストテレス】その5
アリストテレスは師・プラトンのイデア論を引き継ぎながらも、イデアと区別してエイドス（形相）とヒュレー（質料）の概念を唱えた。たとえば建築家が「木造の家」を作るとき、材木が「質料」となる。この材木に形を与えることで「木造の家」が完成する。そして、材木を用いて家を作るその家の形が「イデア」である。このようなイデアをプラトンの考えと区別して、アリストテレスは「形相」と称した。この「形相」と「質料」の関係を用いることで、事物の運動発展をより論理的に説明できるようになった。

〝スペシャルはあるのか？〟どうしても知りたいときがある

Hiroiki Ariyoshi ／ 有吉弘行

SEX

045

人間は誕生の瞬間から支配するか、もしくは支配されるか運命づけられる

Aristoteles ／アリストテレス『政治学』

考えれば考えるほど、わからなくなるのが「S」と「M」。
自分はSなのか、Mなのか。
ときには支配するほうになり、ときには支配されるほうになり。
人間というのは、SとMを使い分けるのは不可能なのかもしれません。

Sなのか Mなのかわからないのが人間の奥深さ

Hiroiki Ariyoshi ／有吉弘行

【アリストテレス】その6
アリストテレスは著書『政治学』の中で「人間は政治的な動物である」と定義した。自足して共同の必要のないものは神であり、共同できないものは野獣である。これらと異なり、人間はあくまで社会的存在であるという。アリストテレス自身は、ひと目で見渡せる小規模なポリスを理想としたが、時代はすでにポリスを超えた世界国家の形成へと向かっていた。

SEX

046

人生とは精神の生殖作用である

Ludwig Andreas Feuerbach ／フォイエルバッハ『断片』

オナニーとは貯金に似た行為。
風俗や女で金を遣わなくてよい。
男にとって最大の節約である。

【フォイエルバッハ】
1804～1872。ドイツの哲学者であり、青年ヘーゲル派の代表的人物であるが、のちにヘーゲルとは決別。現世的な幸福を説く思想はマルクスやエンゲルスに多大な影響を与えた。当時のキリスト教に対して厳しく批判し、それがきっかけで大学の講師を失職。生活の糧を求めて工場経営の女性と結婚するが、のちに経営破綻。貧困のうちに死去するという、なんとも残念な最期を遂げている。

オナニーとは生殖活動の貯金である

Hiroiki Ariyoshi ／有吉弘行

SEX

047

実際の奴隷となるには、自ら奴隷だと信ずることでもって十分である

Emile-Auguste Chartier ／**アラン**『精神と情熱とに関する八十一章』

風俗に行って何が困るかっていうと、僕のことをみんな「S」だと思ってるんですよね。「アナタは責める側でしょ！」っていう目で僕のことを見るんですよ。特に、その筋の専門の店に行ったりすると、僕の顔見た瞬間に、当然のようにムチを渡されたりとか。「俺、今日はMでいきたいのに…」って心の中では思ってるのに、「有吉さんは当然Sでしょ」って、もうムチまで渡されちゃってるっていう。

そこで自分の意志を貫き通して、「Mのほうでお願いします！」って言うと、なんか向こうのほうがドギマギしたりして。「あ、この人、私のSぶりがどのぐらいか測って

るわ」って顔されたり。僕は本当に「今日はMでいきたい」と思ってるだけなのに、こっちの魂胆を疑われたりして。

でも、そこで自分のM心を押し殺して、渡されたムチでSのほうをやってみたりすると、それはそれでドS気分が味わえて楽しめたりするんですよね。

「あ、やっぱり俺、Sでもいけるわ」っていう。

結局、自分が「S」だと思えばSでいけるし、「M」だと思えばMでいけるし、どっちでもいけるっていうのが結論です。

ちなみに、僕はドSの女王様から、

「アンタほどSの気持ちがわかるM男はいない！」

と絶賛された経験あり。

【アラン】その4
アランは哲学教師をしていた40年間、新聞に毎日連載を書き続けていたという。毎日2時間、原稿用紙2ページ分が日課となっていた。その文章は、哲学書にありそうな難解な哲学用語は一切使わず、日常使われている言葉を用い、わかりやすい文章として綴られていたという。ちなみに、植田まさし先生による「コボちゃん」は、2012年で読売新聞に連載30周年である。

自分がSだと思えばS、Mだと思えばM。人間どっちでもいける

Hiroiki Ariyoshi／有吉弘行

SEX

048

幸福は自主自足のうちにあり

Aristoteles／アリストテレス

『エウダイモス倫理学』

オナニーしてるときが一番幸せだろうなって思います。

相手がいると気を遣うし、自分のペースでできないし、面倒くさいし。しかも子作りってなると、基本それは仕事だしなって思うし。

そう考えると、やっぱりオナニーが一番幸せだよなって。

あとは精子の処理でしょうね。精子の処理がもっと簡単に済めば、もっと幸せになれそうな気がします。

人類最大の発明である『TENGA』も使い終わったら、どうしてもローションまみれのチンコを水洗いしなきゃとか。それはちょっと冷めるし、面倒だし。

やっぱり、そこは他者に任せたいですよね。処理だけは他者にしてもらいたいです。

それができれば一番幸せです。

【アリストテレス】その7
ウニ類の口器のことを「アリストテレスの提灯」と呼ぶ。これは、アリストテレスが地中海のレスボス島で海産動物の研究中に発見し、記録したことから、その名が名づけられたという。

幸福は自分の手のうちにあり
ただし処理だけは他者の手に…

Hiroiki Ariyoshi ／ 有吉弘行

SEX

049

若い頃から女にモテてきた男の想像力は犬以下である

ニーチェ／Friedrich Wilhelm Nietzsche

つまりコレ、逆に言うなら「草食系男子のオナニーはすごい！」ってことです。「草食系」なんてカッコよく言われてますけど、結局は女と縁がないモテない男ってことですから。

そういう草食系男子のオナニーほど、実はすごい。肉食系みたいに直接行動に出ないぶん、内にこもって、とんでもない妄想に耽ってるっていう。その想像力たるや、恐ろしいものがあります。

「どうやったら、もっと気持ちよくなれるのか？」

モテない男のオナニーに賭ける情熱といったらすさまじいものがあります。あらゆる想像力を駆使して、これ以上ないぐらいのすごい妄想が頭の中を駆け巡ってます（有吉調べ）。

さすが、童貞のニーチェはその辺よくわかってますね。ヤリチンの男に対するやっかみの精神も感じられて、かなりの名言です。評価します。

草食系男のオナニーはすごい！

Hiroki Ariyoshi／有吉弘行

【ニーチェ】その10
ニーチェは専門的な音楽教育を受けたわけではなかったが、13歳〜20歳頃にかけて作曲活動も行なっていた。その後は作曲することはなかったが、ヴァーグナーとの出会いにより、いくつか曲を作っている。彼がのちにまったく作曲しなくなったのは、本業が忙しくなったとの理由のほかに、自信作を酷評されたという理由があるらしい。

SEX

050

自愛は最大のへつらいである

ヴォルテール Voltaire 『断片』

いくらオナニーしてるときが一番幸せだからといって、やりすぎるのはよくありません。そこで気持ちいいからって、どんどん過激な方向に走って、オナニーに刺激を求めるのは非常に危険です。

どんなに気持ちよくても、しょせん、オナニーはセックスの代用だってことを忘れちゃいけないと思うんです。

セックスは相手がいるから際限があるけど、オナニーは自分ひとりでやるぶん際限がなくて。

【ヴォルテール】その2
ヴォルテールは友人の数学者と組んで、国が発行する宝くじの当選確率を計算。すると、すべての宝くじを買うと100万ルーブル儲かることを発見。そこで、ヴォルテールらは借金などをして全宝くじを買い占めた。これに気づいた主催者側は即座に賞金の支払いを停止し、一味を詐欺罪で告訴。しかし、無罪判決が下った。このとき、彼らが手にした賞金は50万ルーブル。現在の日本円にして約5億円相当であった。

「次はジャンプしながら抜いてみよう！」とかなると、高いところから飛び降りながらオナニーしたり。「息止めながらイコう！」って、自分で首締めながらしたりとか。それで、どんどん過激な方向に走ると非常に危険です。

　オナニーは頭でするものです。想像の世界で興奮するもの。「こんな激しいプレイしてるんだぜ」とか考えながらするものだから、それを行動には移さないほうがいい。すごい妄想はしてもいいけど、実際に行動に移しちゃうと大変なことになるんで。〝女をトイレに連れ込んでボッコボコにして、女がぐったりしてる姿を想像して〟オナニーするのはいいけど、それ本当にやっちゃって実際に見ながらオナニーしちゃうと完全に変質者だっていう。

　しょせん2〜3分で終わるものに、そこまで刺激を求めちゃいけません。

自慰に刺激を求めるのは非常に危険である

Hiroiki Ariyoshi／有吉弘行

SEX

051

理性は神が魂に点火した光なり

Aristoteles
／アリストテレス『修辞学』

「風俗行きてーな！」と思ったときに、そこで一瞬冷静になって、風俗行かずにオナニーで済ませると、「金遣わなくてよかったな」って思います。

そこでテーブルに2万円ぐらい置いて、それ見ながらオナニーするのもよし。

「これだけ浮いたんだ」って目で実感することも大事です。

そのとき、つくづく思います。「理性があってよかったな」って。

人間に理性をくれた神に感謝。

それはまさに神に近づける瞬間。神の存在を信じられるとき。

風俗行かずにオナニーしてるとき、初めて神の存在を意識します。

【アリストテレス】その8
アリストテレスの動物学の研究は、数百種にわたる生物を詳しく観察し、解剖も手がけている。生物はすべて「プシュケー」（和訳では「霊魂」）を持ち、それにより無生物と区別されるとした。また、感覚と運動能力を持つものを「動物」、持たないものを「植物」とする分類法も示している。さらに、人間は理性を持つことで他の動物とは区別されると定義。俗に言うムツゴロウさんの走りである。

オナニーは神が理性に点火した光なり

Hiroki Ariyoshi／有吉弘行

SEX

052

快楽に抵抗する人は賢者
快楽の奴隷になるのは愚者

Epictetus／エピクテトス

「快楽に抵抗する人が賢者」って言い切られちゃうと……。

これって、要はヘルスに誘われても行かない人ですよね。

じゃあ、その人が本当に賢者かっていうと、その人はただ夢精が好きな人なのかもしれないし。単に金がないだけかもしれないし。

それを「賢者」っていうのも言い過ぎだよなって。

確かに、風俗に行きすぎるのも、どうかと思いますけど。

まあ、どっちも愚者でしょうね。どっちも愚かですよ。風俗にあんまり行きすぎるのも確かにバカだと思うし、誘われても頑なに行かないのもバカだと思うし。人付き合いも大事でしょうから。

「行きたいときには行く」で、いいんじゃないですか。

そこで「賢者」とまで言っちゃうと、どうなの？　って。

変わり者ですよね、この人。極論過ぎます。

【エピクテトス】
55〜135。古代ギリシャの哲学者。母親は奴隷階級だったらしく、自身もローマ帝国の皇帝ネロのもとに売られた。その後、ドミティアヌスによって追い出され、亡命後はニコポリスで哲学の学校を開く。奴隷時代に乱暴を受けたため、足が不自由であった。

風俗に行きすぎるのも愚者。頑なに行かないのも愚者

Hiroiki Ariyoshi／有吉弘行

SEX

053

人間は自由の刑に処せられている

サルトル『存在と無』

Jean-Paul Charles Aymard Sartre

【サルトル】その3
学生時代、母の再婚に伴って転校したサルトルは、のちに当時のことを「挫折した年月」と振り返る。その理由としては、母の金を盗んで祖父から見離されたことや、美少女を口説こうとして失敗し、自身の醜さを自覚したことなど、「挫折」と呼ぶには、なんとも浅すぎるエピソードばかりが挙げられている。

結構いいSMクラブを見つけられれば、この手の不満は解消されると思いますけどね。拘束されたり、思うままにいかなかったり、じらされたり、放置プレイされたり。こういう考えしてる人は、SMクラブに向いてると思います。いい女王様と出会ってないんでしょうね。だから「自由だ自由だ」と思っちゃうんですよね。Mコースに入ってみると、だいぶいいかもしれません。Sコースに入っちゃうから自由がきいちゃうんですよ。

たまにはMコースで入ってみる。自由に責めることに飽きちゃってるなら、ハードMコースとか一度体験したほうがいいですね。

ヤリチンなんでしょ、きっと。好き放題やっちゃってるんじゃないですか？　だから「自由の刑に処せられている」なんて、平気で言えちゃうんでしょ。

次の段階に行くべきですね。新しいステージに行くべき。

絶対にオススメです、Mコース。損はさせません。

自由を持て余してる人にはMコースがオススメ

Hiroiki Ariyoshi／有吉弘行

SEX

054

恐怖は常に無知から発生する

エマーソン／Ralph Waldo Emerson

『アメリカの学者』

世の中、ムチほど怖いものはありません。

ムチの何が怖いかって、「叩かれるとメチャクチャ痛い!」からです。

でも、なかには、「叩かれるとメチャクチャ気持ちイイ!」と思う人もいます。そういう人たちは、ムチはちっとも怖くありません。むしろ、ムチを見るだけで興奮したりします。

「ムチで叩かれるのなんて痛くて嫌だ!」と怖がってた人たちの中にも、「実は叩かれてみたら案外気持ちよかった」なんて新たな自分を発見する人がいるかもしれません。

なぜムチが怖かったのか?

それはムチで叩かれたことがなかったからです。ムチで叩かれると「痛い!」と思い込んでいたんです。ムチに無知だから怖かったんです。

「それまでSだと思っていたのに、ムチで叩かれてみたら自分がドMだった」

そういう事実に気づいた人も多数いるらしいです。実に奥深い世界です。

……以上、僕が足で稼いだ情報です。

【エマーソン】その3
作家の宮沢賢治もエマーソンの思想、哲学に共感した中のひとりである。

恐怖は常にムチに無知だから発生する

Hiroiki Ariyoshi／有吉弘行

SEX

055

女のもとへ赴こうとするならば鞭を忘れるな

Friedrich Wilhelm Nietzsche／**ニーチェ**『ツァラトゥストラはかく語りき』

叩くのか、叩かれるのか。
それが問題だ。

ちなみに僕はどっちでもいけます

Hiroki Ariyoshi／**有吉弘行**

【ニーチェ】その11

音楽に強い関心のあったニーチェは学生時代からヴァーグナーの熱烈なファンであった。念願のヴァーグナーとの対面を果たしたニーチェは、その後、ヴァーグナー宅へ何度も足を運んでいる。ニーチェの心酔ぶりは『悲劇の誕生』において同業者から全否定されるくらいヴァーグナーを好意的に取り上げ、ヴァーグナー自身も狂喜するほどだったという。しかし、のちにヴァーグナーの音楽が大衆迎合的な低俗さを増しつつあると感じたニーチェは次第に、その熱も冷めていくのであった。

V―生について

LIFE

LIFE

056

幸福は満足せる人間に属す

Aristoteles ／**アリストテレス**『エウダイモス倫理学』

仕事なくて金に困ってたときに思ったんですよね。

「これじゃ結婚できねーな」とか「子供も養えないな」とか、結構まともなことを。でも、それ考えると辛くなっていきますよね。精神的にどんどん落ち込んでいくし。「このままでいいのか？」とか「なんで俺はこうなんだ…」とか、そう思うと、どんどん追い詰められて、どんどん辛くなるっていう。

それって、どこかでまだ「自分は普通の生活ぐらいはできるだろう」っていう頭があるからだと思うんですよ。どん底まで落ちても、まだ夢見てるっていう。

〝俺なんか無理だ〟と思えば楽になる

Hiroki Ariyoshi ／有吉弘行

なので、僕の場合「自分は普通なんだ」って思うのをやめました。

「俺なんて無理だ」

そう思うと楽になりました。「結婚できない」とか「子供養えない」とか、そんなこと考えなくてよくなりました。

「俺なんか無理だ」と思うと意外に吹っ切れちゃうもんです。「万が一、そういう女がいれば結婚すればいいや」ぐらいに思えば辛くなくなります。現状の自分を認めちゃえばいいんです。

「俺なんかこの程度なんだから」って。

そうすれば楽に生きられます。

【アリストテレス】その9
アリストテレスは『ニコマコス倫理学』において、「幸福」とは誰もが求める至高の目標であり、他の目標を実現するための手段にはなり得ないものと定義している。幸福が最高目標であるのに対し、実生活の活動で見られる「快」は安定性も永続性も欠いているものだと述べた。これら幸福主義はアリストテレスによるものだが、幸福の科学は大川隆法によるものである。

LIFE

057

人間にとって退屈ほど耐えられないものはない

Blaise Pascal／**パスカル**

はい、まさに。

やることないって、本当に辛いんですよ。耐えられない辛さです。何も仕事がない、することがないって、本当に辛いです。やることがなさすぎて寝てるしかない。

僕も猿岩石の人気がなくなって一切仕事がなくなったときに、身をもって体験しました。1日中、やることなくて、1日中ずっと家の中にひきこもって、ローゼ（ノイローゼの意）になりそうでした。

夕方の4時ぐらいに起きて、ドラマの再放送を見て、腹が減ってもひたすらガマンして、夜にスーパーの見切り品を買いに行く1日1食の生活。やることといえば、事務所に翌日の仕事の確認の電話入れて、「ない」って言われて終わり。そんな毎日です。普通の人間は耐えられません。

きっと、この人も貧乏生活したことあるんでしょうね。

なかなか見どころのある発言です。

【パスカル】
1623〜1662。フランスの哲学者、思想家であり、数学者、物理学者。早熟の天才で、その才能は多分野にわたった。「人間は考える葦である」という有名な一節の随想録『パンセ』やパスカルの三角形、パスカルの定理などの発見で知られる。かつて、フランスで発行されていた500フラン札に肖像が使用されていたことでも有名。

やることないとローゼになる

Hiroiki Ariyoshi／**有吉弘行**

LIFE

058

人間の真実な唯一の威厳は、自らを蔑むその能力である

ジョージ・サンタヤナ／George Santayana

人に蔑まれるのって、本当に嫌ですね。

自分で自分を蔑むぶんにはいいけど、人に言われると嫌なんですよね。

「俺ってダメなヤツだよな」って自分を蔑むぶんにはいいけど、「お前って本当にダメなヤツだよな」って人に言われると、すごくムカつくっていう。

そういうときの防衛手段としては、言ってくる人よりも、もっと自分を蔑んじゃえばいいいんです。

「お前って本当にダメなヤツだよな」

って言われたら、

「本当に俺ってダメなヤツでさ、もうどうしようもないぐらいにダメ。何やってもダメ。救いようがないぐらいにダメ」

相手が蔑むよりも数段上いって、自分のこと蔑んじゃえばいいから。そうすれば、それ以上何も言われないで済むっていう。

そういう意味では確かにこの言葉は正しい。なかなかいいこと言います。

この人は確実に、どん底生活を知っています。人に蔑まれるような生活しているんでしょうね。

バンドマンの人ですか？　もしくは劇団員の人ですか？　芸人でしょうね……。

【サンタヤナ】
1863〜1952。スペイン出身の哲学者であり詩人。1872年にアメリカに移住し、ボストン・ラテン・スクールとハーバード大学で哲学者ウィリアム・ジェームズなどから教育を受けた。1907年からハーバード大学で哲学の教授に就任。晩年はイタリアで過ごした。

人に蔑まれたら、それ以上にもっと自分で自分のことを蔑めばいい

Hiroiki Ariyoshi／有吉弘行

LIFE

059

期待できないことに希望をつなぐな

ピタゴラス／Pythagoras

期待できないことに希望を持っても無意味。

よく世の中の人は、「希望を持て！」とか、「望みを捨てるな！」とか言いますけど、僕は「希望」っていらないと思うんですよね。期待しても、なんの得にもならないと思うんです。

「将来は自分の家を建てたい」とか、「将来は金持ちになりたい」とか、「将来は、いい男見つけて結婚したい」とか、「いつか宝くじ当てたい」とか、そんな実現しないようなことばっかり言ってるからダメなんですよね。期待しても無駄だってことを早くわかったほうがいいです。

夢とか希望とか持ってるヤツには、「そもそも、お前が一番期待できないんだ」ってことをわからせてやりたいです。

僕は仕事が全然なくて金もなかったときに、将来の希望とか一切ありませんでした。将来のゴールデン番組より、目の前の1本5万円の営業。希望より目先の金。希望なんか持ってたって、金にならなきゃ、なんの足しにもなりません。

そもそも期待なんかするから、期待通りにいかなかったときにガッカリするんだし、希望なんか持つから、希望がなくなったときに立ち直れなくなったりするんです。

最初から期待なんかしなきゃいいんです。希望なんか持たなきゃいいんです。そのほうが楽に生きられます。

【ピタゴラス】その2
ピタゴラスは自らが主宰するピタゴラス教団にソラマメの食用を禁じていた。これには、ソラマメを不吉なものとして忌避する呪術的思想に由来するとする解釈のほかに、ソラマメ中毒が背景にあるとする説もある。このため、同教団が政敵からソラマメ畑に追い詰められた際、中に逃げ込めず殺害されたという伝承も残っている。

希望を持つな。自分に期待するな。そんなもの全部無駄

Hiroiki Ariyoshi／**有吉弘行**

LIFE

060

我々は賢明になるためには、まず馬鹿に
ならなければならない　己を導くためには、
まず盲目にならなければならない

Michel Eyquem de Montaigne ／モンテーニュ『随想録』

「自分はもっとできる！」とか、「今の自分は違う！」とか、そういうことを思うのが一番しょーもないと思うんですよ。そういうヤツに限って、実際は何もできなかったりするんで。

「今の自分は違う」なら違うで、「じゃあ実際の自分はどんなもんなんだ？」って確認してみればいいと思うんですよね。それには「自分はどこまでできるんだろう？」って試してみるとか。

たとえば落ちてる弁当喰えるのかとか。ブスとセックスしてみて、どの程度のブスまでなら耐えられるのかとか。

そこまでやれば、「自分はもっとできる」ってことが本当にわかると思うんですよね。自分の中の可能性が広がるっていうか。

「今の自分は違う。自分はもっとできる」と思うなら、まずはブスとセックスしてみることをオススメします。

〝自分はもっとできる〟と思うなら、
まずはブスとセックスしてみること

Hiroki Ariyoshi／有吉弘行

【モンテーニュ】その2
モンテーニュの主著である『エセー（随想録）』はフランスのモラリスト文学の基礎を築いたとされる。体系的な哲学書ではなく、自分自身の経験や古典の引用をもとにした考察を行なった書である。宗教戦争の狂乱の時代の中で、寛容の精神に立ち、正義を振りかざす者に懐疑の目を向けた。晩年も死去の直前まで本の余白に書き込みをし、この書き込みも含めて定本とされている。

LIFE

061

語り得ぬものについては沈黙しなければならない

Ludwig Josef Johann Wittgenstein ／ウィトゲンシュタイン『論理哲学論考』

一番その場にいてほしくないのが、能書き垂れるバカ。

なんでもかんでも能書き垂れて、聞かれてもいないのに、やたら自分の知識をひけらかそうとするバカ。

たとえば、おいしく酒を飲んでるときに、

「う〜ん、これはチリ産だな、酸味が強いもんな」とか。

メシ喰ってりゃ、

「あっ！　これバルサミコだな」とか。

いちいち能書き垂れるヤツ。誰もそんなこと聞いてもいないし、知りたくもないのに、得意そうな顔して言うヤツ。

思うに、聞かれたときに答えとして発信するのが「ウンチク」。

誰も聞いてないのに、勝手に独り言のように押しつけ発信するのが「能書き」。

似てるようで、まったく違う。

楽しくお酒を飲んでる席で、能書き垂れるバカがひとり混ざっていると、その場の空気が殺気で凍りつきます。

そういう能書き垂れるヤツには、迷わずこう言ってやりましょう。

「能書きはいいから、さっさと帰れ！」

【ウィトゲンシュタイン】1889〜1951。オーストリアの哲学者。彼は言語活動をゲームとして捉え、言葉の意味をゲームにおける機能として理解すべきだと提唱した。たとえば、石材運びにおいて「角石」という言葉は「角石を持ってこい」という意味であり、それ以外の状況では「角石」が、まったく別の意味（機能）を持ち得る。トランプのジョーカーの意味が、そのゲームによって違った役割をするのと同様であるのが「言語ゲーム」という概念。風変わりな家庭教師がやって来るドタバタコメディー映画は「家族ゲーム」。

能書き垂れるバカは抹殺すべし！

Hiroki Ariyoshi／有吉弘行

LIFE

062

知は力なり

フランシス・ベーコン／Francis Bacon

なんか体鍛えてないヤツの言い訳のように聞こえるんですよね。

苦労知らずのボンボンで甘いヤツ。体は鍛えてないし、ひきこもりみたいな。理屈ばっかりこねて。

やっぱ、こういうこと言ってるヤツは、アフリカのソマリアとか内戦してる国とか行ったら、本当に思い知るでしょうね。

「知は力じゃねーな」って。

「そんなもん関係ねーな」って。

だから、あんまり偉そうにしてほしくないんですよね。

「なり！」って断定されても……。

確かに無知よりは知があったほうがいいけど……っていうその程度のものです。

知は力じゃない場合もある

Hiroiki Ariyoshi ／有吉弘行

【ベーコン】その5
小惑星ベーコンは、フランシス・ベーコンにちなんで、その名が命名されたという。

LIFE

063

嘘ばかりつく人間だと思えば、
こちらは正反対を信じていればよい
嘘と真実を使い分けるから厄介である

／モンテーニュ『随想録』
Michel Eyquem de Montaigne

相当負けたんでしょうね、カジノで。

相当やられてますよ、これ。

「黒ばっかり続いてるから、次は赤いこうか？　だけどそうはいかないしな。どうしようか？　また騙されそうだな。う〜ん、どっちだ…」っていう。

こんなふうになるなら、スロットやってりゃよかったんですよ。考えなくていいんだから。

人間を相手にするから、いけないんですよね。ルーレットとかも、「ディーラーが悪いんじゃないか？」とか疑っちゃうから。

だんだん信じられなくなってくるんですよ。ウラ読んでオモテとか。オモテ読んでウラとか。完全にハマるパターンです。

その点、スロットは諦めがつきますからね。ウラとかオモテとか考えなくていいし。人間相手にしないで、機械相手にしてりゃいいんです。

こういう人にはスロットをオススメします。

【モンテーニュ】その3
ユダヤ系フランス人として生まれたモンテーニュの実家は、商業を営む裕福な家庭であった。6歳になるまで家庭教師のもと、ラテン語で教育を受けていた。ラテン語は当時の学問に必須の知識ではあったが、このような育て方は特異であったという。

人を信じられなくなったらとりあえずスロットやっとけ

Hiroiki Ariyoshi／有吉弘行

LIFE

064

「豚となりて楽しまんより、人となりて悲しまん」

Sōkrátēs ／ソクラテス

なんか「欧米の人って豚嫌うよな」って思いますね。

豚って結構賢いらしいですよね、キレイ好きだし。実はそういう動物なのに、「豚」っていうだけで嫌われるっていう。

ソクラテスはなんでこんなこと言っちゃうかな？

鬱なんですか？

きっと悲しいんですよね、毎日。相当悲しいんでしょうね。だから言い聞かせてるんでしょう。

「でも、豚よりマシだな」って。

たぶん、この人、ギリシャとかそっちの人ですよね？

もうちょっとタイとかバリとか、南国行くと、だいぶ改善されると思うんだけど。南国の人に、

「豚となりて楽しまんより、人となりて悲しまん」

なんてキッパリ言っても、たぶん「バカバカしい！」って言われるだけだと思うんだけど。

ハワイとか、みんな豚でも楽しいと思っているはずですもん。豚でもいいから楽しめばいいのに。

KONISHIKI楽しそうですもん、太ってるけど。力士時代より今のほうが楽しそうですもん。

豚となったほうが楽しいんだろうな。

悲しいよりも楽しいほうがいいです。

【ソクラテス】その2　ソクラテスはアポロンの託宣を通じて最も知恵のある者とされた。「自分は何も知らない」ということを自覚しており、その自覚のために無自覚の人に比べて優れているのだと考えた。それが、かの有名な「無知の知」であるが、五反田で女王様が好むのは「ムチの血」である。

むしろ豚となって楽しんだほうがいい

Hiroiki Ariyoshi／有吉弘行

LIFE

065

結婚とは、男の権利を半分にして義務を二倍にすることである

Arthur Schopenhauer／ショーペンハウアー『幸福のための警句』

結婚とは、主婦層を取り入れるために必要なタレント活動の一環。

【ショーペンハウアー】その2
富裕な商人の父のもとに生まれたショーペンハウアーは、亡き父の意志を継いで商人の見習いを始めるが、学問への情熱が捨てきれず医学部へ進学。のち哲学部へ転部。その後、ベルリン大学へ移り、大学講師の地位を得るが、当時、同大学で正教授だったヘーゲルの人気に抗することができず、フランクフルトへ隠棲。同地で余生を過ごした。

ただし別れると逆効果

Hiroki Ariyoshi／有吉弘行

LIFE

066

万物の根源は水である

Thales／タレス

やっぱなんでも水は大切だから。水がないと死んじゃうから。
知ってる知ってる。みんな知ってるよ、そんなこと。
今さら言われても……。
すでに一般論。

水は大切にしましょう！

Hiroiki Ariyoshi／有吉弘行

【タレス】
B.C.624頃～B.C.546頃。古代ギリシャの哲学者。1年を365日に分け、1カ月を30日と定め、また、「円はその直径によって二分される」「二等辺三角形の2つの底角は等しい」「半円に内接する角は直角である」などといった定理を発見したとも伝えられる。

LIFE

067

悲しむことはない
今の状態で何ができるかを考えて、
ベストを尽くすことだ

Jean-Paul Charles Aymard Sartre ／サルトル

今の状態が悲しいと思ってるわけですよね、この人は。

要するに、今は自分がやりたいことと違う状態にあるってことです。

じゃあ、たとえばミュージシャン目指してる人がコンビニでバイトしてるときに、「今の状態でベストを尽くそう！」と思って、そこでベスト尽くしちゃうと、コンビニの店長になっちゃうっていう。

芸人目指してる人が居酒屋でバイトしてて、ベスト尽くして頑張っちゃって認められて、店任されたりとか。

そんなベストは尽くしちゃダメ。

クビにならない程度にやっときゃいい。

そこでベスト尽くしちゃうと、その店で店長になっちゃうから。

よくいますね、こういう愚かな人。

【サルトル】その4
サルトルは「実存は本質に先立つ」と主張。これは、創造主である神がいなければと仮定し、あらゆるものは、その本質を神に決定されることがないまま現実に存在していることになる。これが「実存は本質に先立つ」ことであり、これが人間の置かれている根本的な状況だと説明した。ちなみに、人間の根本的な状況で言えば、何においても「先勃つのは男性器」である。

尽くさなくていいベストもある

Hiroiki Ariyoshi／有吉弘行

LIFE

068

私はお前たちに超人を教える
人間は超克さるべき何物かである

Friedrich Wilhelm Nietzsche ／ニーチェ『ツァラトゥストラはかく語りき』

「超人」といえば、ハルク・ホーガン。
教えられなくても、ハルク・ホーガン。
この前〝ゲイ疑惑〟で奥さんに訴えられてたけど、それでも超人に変わりなし。
本人は否定してたけど、たとえゲイでも超人は超人。
誰がなんと言おうと、ハルク・ホーガンが一番！

ハルク・ホーガンを超える超人はナシ

Hiroiki Ariyoshi ／有吉弘行

【ニーチェ】その12
ニーチェによれば、長らく西洋思想を支配し続けてきた形而上学的価値、キリスト教主義とは、現に、ここにある生から人間を遠ざけるものとした。かつ人間は流転する価値、生存の前提となる価値を承認し続けなければならない悲劇的な存在であるとした。だが一方で、そういった悲劇的認識に達することは、既存の価値から離れ、自由な精神を獲得したことも意味する。このような流転する世界の中で、自身の生存となる価値を持ち、すべての価値を受け入れ続けることによって生を肯定し続けていくことを目指し、生の理想的なあり方として提示されたものが「超人思想」である。

LIFE

069

善にも強ければ、悪にも強いというのが、一番強力な性格である

Friedrich Wilhelm Nietzsche ／**ニーチェ**『人間的な、あまりに人間的な』

鈴木宗男的な政治家が一番強い。

【ニーチェ】その13
著書『人間的な、あまりに人間的な』は中期のニーチェを代表する著作であり、ヴァーグナーとの決別や明瞭な実証主義的傾向が見て取れる。ちなみに有吉も五反田では変態的な、あまりに変態的なプレイを好むと噂される。

警察にもヤクザにも顔が利くのが一番強力である

Hiroiki Ariyoshi ／**有吉弘行**

LIFE

070

私は人間ではない　私はダイナマイトだ

Friedrich Wilhelm Nietzsche ／**ニーチェ**『この人を見よ』

昔、「ダイナマイト・キッド」というプロレスラーがいました。タイガーマスクと好勝負を展開した人気レスラーで、ダイビング・ヘッドバットが得意技。ニックネームは「爆弾小僧」。攻撃スタイルから「剃刀戦士」なんて呼ばれたりもしました。

僕もその昔、強そうなニックネームが欲しいと思ったことがあります。たとえば、当時有名な格闘家のニックネームだと、〝熊殺し〟といえば、極真空手の猛者ウィリー・ウィリアムス。ちなみに師匠の大山倍達のニックネームは〝牛殺し〟。2人とも、いかにも強そうなニオイがプンプン漂うニックネームです。僕も、その手の強そうなニックネームを考えてみました。

〝○○殺し有吉〟

いいね〜、強そう。

やっぱり「○○」の部分には人間より強い動物、熊とか虎とかライオンとか、それも肉食動物が入らないと。いくら人間より強くても、象殺し、キリン殺し、ヌー殺し……とか草食動物だと、密輸のニオイが強烈にするんで。

〝虎殺し有吉〟

ううーん、カッコイイ!

でも、もっと強そうなのはないか？　もっと身近で強いけど意外に戦いやすい動物……。

『人殺し有吉』

……うん、捕まるね。

【ニーチェ】その14

ボン大学在学中、ニーチェは友人とともに「フランコニア」という学生運動団体に参加し始める。最初の学期を終えた頃には信仰を放棄し、進学の勉強もやめたことを母に告げ、大ゲンカとなった。当時のドイツの田舎で牧師の息子が信仰を放棄したということは、ある種のスキャンダルでさえあり、母にとっては、今でいう息子からオネエへの転換を告げられることと同じレベルの衝撃だったのだろう。

ダイナマイト・キッドはプロレスラー
本名はトム・ビリントン

Hiroiki Ariyoshi／**有吉弘行**

LIFE

071

他者とは地獄である

Jean-Paul Charles Aymard Sartre ／サルトル

【サルトル】その5
サルトルは1973年、激しい発作に襲われ、様々な活動を制限せざるを得なくなる。また、このとき斜視であった右目からの出血により失明。晩年は自力により執筆が不可能と悟り、共同作業によって著作を完成させようとするが、いずれも失敗に終わっている。

なんか『ＳＰＡ！』の見出しっぽい。

完全に見出し勝負。意外と読んでみると、たいしたこと書いてないっていう。

結局、この人が言いたいのは「人付き合いは面倒くさい」ぐらいのことでしょ？

まあ、確かに面倒くさいっていえば面倒くさいですけどね、他人との付き合いって。

でも「地獄」ってほどでもないだろって。

そんなふうに思ってるのはお前だけで、あとはみんな結構楽しくやってるぞって。

近所の変わり者の偏屈ジジイが言ってるようなことですね。完全に「あの人、変わってるね」って言われてる側の人間です。

近所付き合いできないタイプでしょうね、この人は。


他者とは確かに面倒くさいけど、結構みんな楽しくやってる

Hiroiki Ariyoshi／有吉弘行

LIFE

072

子供は父母の行為を映す鏡である

／スペンサー

Herbert Spencer

子供って「掛け捨てじゃない保険」だと思います。子供に金かければ返ってきますもんね。よっぽどデキの悪い子供以外は。

自分の子供が優秀で、将来出世したりすれば、そのぶん当然親にも見返りがあるだろうし。

基本的には親が年とったときには面倒見てくれるだろうし、そうすりゃ結構ヨボヨボになったときには多少なりとも金入れてくれるだろうし。そういう意味では、年金とかより、よっぽど優秀な保険だよなって。

犯罪犯したりするような子供だと掛け捨てなんで、その点はちょっとリスクもあるかなとは思いますけど。

それでもヘタな保険に入るより、これからの時代は子供作っといたほうがいいかなと思うんですよね、保険代わりに……。

【スペンサー】1820〜1903。イギリスの哲学者、社会学者、倫理学者。教師であった父の方針で学校教育を受けず、家庭で教育を受ける。16歳で鉄道技師として働き、空いた時間に著作活動を行なう。その後、経済誌『エコノミスト』の副編集長に就任。森有礼をはじめ、板垣退助などにも大きな影響を与えた。ちなみに、この人は稀代の「逆さ絵顔」の持ち主である。

子供とは親にとって掛け捨てじゃない保険

Hiroiki Ariyoshi／有吉弘行

LIFE

073

小心は人を不決断にし、その結果、行為の機会と最大の好機を失わせる

Thomas Hobbes／**トマス・ホッブズ**

「世の中で一番いらないものってなんだろう?」と思ったときに、小さいプライドだと思うんですよ。

大きいプライドはあってもいいと思うんです。たとえば、戦争とかで「劣化ウラン弾は絶対に使わないぞ!」っていうプライド。それぐらいの規模の大きなプライドなら、あっていい。

その点、小さいプライドといったら、「あの人と仕事したくねー!」とか、「こんな安い給料で働きたくねー!」とか、「なんであいつのほうがいい家住んでるんだ!」とか。

そういうプライドはいらない。

そんな小さなことは〝プライド〟とすら言わないんじゃないかなと思うんです。

個人的な小さいことは、プライドじゃなくて〝ちょっとしたこだわり〟。しかも、そんな小さなこだわり、いらないっていう。

小さいプライドなんか、なんの役にも立たない。むしろ生きてくうえでは邪魔だと思います。

【ホッブズ】
1588〜1679。イングランドの哲学者であり、近代政治思想の基礎を築いた思想家。特に『リヴァイアサン』は代表的な著作であり、国家についての政治哲学を説いたものである。ホッブズは人間の自然状態は闘争状態であると規定する。それを「万人の万人に対する闘争」と名付け、この混乱状況を避けるためには、人間が天賦の権利として与えられた自然権（自己保存のために暴力を用いるなど積極的手段に出ることは善悪以前に肯定される権利）を政府に譲渡するという社会契約をすべきだと述べ、絶対王政を合理化する理論を構築した。

世の中で一番いらないものは、小さいプライド

Hiroiki Ariyoshi／有吉弘行

LIFE

074

人は常に、自分に理解できない事柄はなんでも否定したがるものである

Blaise Pascal／**パスカル**

冗談が通じないのか、マジメなのか、不粋なのか、賢すぎるのか、あるいは単なるバカなのか……世の中、遊びがない人が多いと思うんですよね。

たとえばプロレスファンは何十年と、そういう輩と戦ってきたわけです。

「今の本当に痛いの？」とか「わざと倒れたでしょ？」やら「どっちが勝つか決まってるんでしょ？」等々……しまいには禁断（？）の「八百長でしょ！」発言。

そんな輩に、プロレスファンは笑って大人の対応。そりゃまあ、ある程度プロレスの裏事情ぐらい知ってますよ、ホントかウソかぐらいは。でも、そこで、プロレスラーが

リング上で敵のレスラーに向かって発する、「テメーコノヤロー！　ぶっ殺してやる！」を聞いて、

「おー怖ぇー！　マジだぜ」

と乗っかるわけですよ。ここで乗っかるかどうかが大事なわけで。

プロレスラーの「ぶっ殺してやる！」と、お笑いの「昨日おもしろいことがあってなー」はまったく一緒。乗っかると、そこからおもしろいことが始まるわけで、「ウソでしょ」と言ったら、そこで終わり。とりあえず乗っかとけば、何かおもしろい展開が待ってる。

だからホントかウソかなんてどうでもいい。なんならウソのほうが良し！

「事実は小説より奇なり」なんてダメ。「ホラ話は事実より笑える」、これがベストです。

相手のウソに乗っかって笑えるぐらいの余裕を持ってほしいです。

【パスカル】その2
パスカルは禁欲主義者としても知られ、官能の快感、欲望の満足はすべて悪として退けた。たとえば食事は毎回、一定量を測り、食欲の有無に関係なく、毎回その量のみを食した。満足させねばならないのは食欲ではなく、胃であるとの真意らしい。さらに常時、内側に釘の打ち出たベルトを着用し、気の緩みなどを感じたときにはベルトを肘で突いて、激痛で我に返るようにしたという。パスカルに言わせると、妻を愛することによって神のことを忘れることになるため、結婚を一種の殺人であり、神殺しとまで言い切った。

ウソ話に乗っかって笑えるぐらいの余裕が必要

Hiroiki Ariyoshi ／有吉弘行

LIFE

075

思考はひげのようなものである　成長するまでは生えない

Voltaireヴォルテール『断片』

僕は以前、「お前を殺すぞ！」という脅迫文を受け取ったことがあります。差出人は、「有吉を殺す会」。

筆跡がバレないように、わざわざ小学生みたいな汚い字で書いてあって、

「お前は人の悪口ばっかり言ってるから生意気だ！　殺されたくなければ、もう悪口を言うのはやめて、おとなしくしろ！」

そんな恐ろしい内容が書かれてありました。どうやら「有吉を殺す会」は、僕の毒舌に怒っているみたいで、

「殺されたくなければ、ここに30万円振り込め！」

と、最後に現金を要求してきました。よく見ると、そこには口座番号の他に、なぜか

名前（本名）と住所、電話番号まで書いてあります。

「これ、電話してこいってことか？」

そう思った僕は、思いきってその電話番号に電話してみました。するとオバサンが電話に出て、

「○○は今、小学校に行ってます」と教えてくれました。

……「有吉を殺す会」は小学生でした。わざわざ小学生みたいな字を書いたんじゃなくて、本当に小学生が書いた字でした。通りできったねー字なわけです。

「有吉を殺す会」は、僕が人の悪口ばっかり言って後ろめたいことしてるから、ちょっと脅せば30万円振り込むと思ったらしいです。目のつけどころはいいです。

でも、しょせん小学生でした。簡単に正体がバレました。僕は脅しに負けずに30万円振り込みませんでした。

きっと「有吉を殺す会」も、大人になってひげが生えてくる頃には、もうちょっとマシなこと考えて僕を脅すようになると思います。

【ヴォルテール】その3
ヴォルテールは反ローマ・カトリック、反権力の精力的な執筆活動や発言により、自由主義のひとつの象徴と見なされていた。没後もパリの教会が埋葬を拒否したため、スイスの国境近くに葬られ、その後、パリのパンテオンに移された。

人を脅すのはひげが生えてから

Hiroiki Ariyoshi／有吉弘行

LIFE

076

我何を知るや

Michel Eyquem de Montaigne ／モンテーニュ『随想録』

そんなこと言われても……。
ツイッターで、これ呟かれたら無視しちゃいますよね。
「面倒くせーヤツだな！」
間違いなく無視。
「我何を知るや」って言われても、そんなこと知らないっていう。
絶対にツイッターには書かないほうがいい発言。
これやるとフォロアーが増えない典型的な悪い見本。

ツイッターだとスルーされる面倒くさい発言

Hiroiki Ariyoshi ／有吉弘行

【モンテーニュ】その4
法学を学び、フランスの法官になったモンテーニュはボルドーの高等裁判所に勤務。その後、結婚し6人の娘に恵まれたが、成人したのは、うちひとりであった。父の死後はモンテーニュ城を相続し、法官を辞任して故郷に戻る。それから執筆したのが『エセー随想録』である。

LIFE

077

神は死んだ

Friedrich Wilhelm Nietzsche／**ニーチェ**『ツァラトゥストラはかく語りき』

「神は死んだ」って言うわりには、「神7」とか、その辺にいっぱい神はいる。

結構、最近よく見かけます。

そういう意味では、毎年のように神は死んでますし、毎年のように神は出てきます。

「神は死んだ」っていうのは毎年恒例、普通のこと。日常茶飯事。あえて言うことでもなし。

同義語としては「伝説」。

「伝説」もよくあります。伝説って言うわりには、しょっちゅう復活するし。

「伝説のバンド、2年で5回目の再結成!」とか。

「神は死んだ」と同レベル。

【ニーチェ】その15
ヴァーグナーとのつながりも絶ったニーチェにはごくわずかな友人しか残っていなかった。彼の著作もますます親しみやすさを失い、読者の反応も慇懃無礼なものになっていった。ニーチェはこの事態を甘受しつつも、自身の著作がまったく売れないことに悩み煩わされることとなる。1885年に出された『ツァラトゥストラ』4部は40部のみ印刷し、その中から一部を友人へ献本するにとどめるのだった。

最近の「神」は結構よく見かける

Hiroiki Ariyoshi／**有吉弘行**

LIFE

078

人間は万物の尺度である
あるものについては、あるということの
ないものについては、ないということの

Protagoras
／**プロタゴラス**『断片集』

こういうこと言ってると、グリーンピースとか動物愛護団体とか、あの辺からすごい苦情がきますよ。

この時代は、結構好き勝手言えた時代だったんですかね。

いつですか、この人？　たぶん最近の人じゃないですよね。あんまりテレビとかでも名前聞かないですもん。

「人間は万物の尺度である」

今どきはもう言えないですよね、こんなこと。今こんなこと言ったら、クレームきますよ、確実に。

もうちょっとクジラ目線、イルカ目線で考えないと危ない。

【プロタゴラス】
B.C. 500頃〜B.C. 430頃。古代ギリシャの哲学者。人間それぞれが尺度であるから、相反する言論が成り立つという「人間は万物の尺度である」という言葉とともに知られている。また、金銭を受け取って徳を教える「ソフィスト」のひとりでもあった。ちなみに、金銭を受け取ってムチを打つのは「サディスト」である。

今どきは、動物目線に立って考えるのも大事

Hiroki Ariyoshi ／有吉弘行

LIFE

079

食べているうちに食欲は起こるものだ

モンテーニュ『随想録』

Michel Eyquem de Montaigne

デブなヤツとどうしても一緒にメシ喰わないといけないとき、店に入る前にひと言。

「ここ食べ放題じゃないけど、大丈夫？」

デブには、デリカシーより財布の中身が大事。


ちなみに、デブなヤツにムカついたときに攻撃するひと言。

「やせましたね？　メシ喰ってます？」

普通に〝デブ！〟と言うより効果的。

ときにはデブにも
思い知らせてやることが必要

Hiroki Ariyoshi／有吉弘行

【モンテーニュ】その5
法官辞任後、モンテーニュはカトリックのシャルル9世、アンリ3世から侍従に任ぜられる一方、プロテスタントのアンリ4世の侍従にも任ぜられた。このため、フランス宗教戦争の時代にあって、自身はカトリックの身であったモンテーニュであったが、プロテスタントにも人脈を持ち、穏健派として両者の融和に努めた。

LIFE

080

幸福とは我々にとりての中庸に成り立つところの行為を選択する態度なり

Aristoteles ／アリストテレス『ニコマコス倫理学』

世の中、ほどほどがいいってことですよね？

なんでも人の上に立とうと思わないで、そこそこがいいとか、欲張りすぎるなとか、目立ちすぎるなとか。極めて日本人的感覚です。

でも欧米人の人たちって、こんなこと言ってるわりには日本人のことをバカにするような気もするんですけどね。

あんまり影響力ないんでしょうね、この人。「だから？　それで？」っていう。

そこそこ有名なんですか？

欧米人の中ではそんなに力ないんだろうなって思います。響いてないですもん、この言葉、欧米人たちには。

この人、親日家なんじゃないですか、たぶん。

【アリストテレス】その10
アリストテレスはリュケイオンの教育用テキストと専門家向けの論文の2種類を著したと言われているが、前者は散逸したため、今日アリストテレスの著作として伝えられているのは後者のものである。

「どうして1番じゃないといけないんですか？
2番じゃダメなんですか？」っていうことでしょ、要するに

Hiroki Ariyoshi／有吉弘行

LIFE

081

地球は皮膚を持っている
そしてその皮膚はさまざまな病気を持っている
その病気のひとつが人間である

Friedrich Wilhelm Nietzsche／**ニーチェ**『ツァラトゥストラはかく語りき』

病んでますね、完全に。
そう言ってる自分が一番病気だろっていう。
早くそこに気づいたほうがいい。
こういう人は手遅れになる前に早く病院に行ったほうがいいです。

早めに受診されることをオススメします

Hiroki Ariyoshi／**有吉弘行**

【ニーチェ】その16
ニーチェの精神崩壊について、原因を梅毒への感染と見る解説者もいたが、梅毒とは矛盾する症状も見られ、脳腫瘍と判断する向きもあった。大方の研究者はニーチェの狂気と哲学は無関係だと捉えていたが、一部には彼の哲学が精神的失調をもたらしたと考える解説者もいた。

VI

死について

DEATH

082~086

DEATH

082

哲学すること、それはどのように死ぬかを学ぶことだ

Michel Eyquem de Montaigne ／モンテーニュ

僕、死ぬときは寝て死にたいんですよね。寝てるぶんには辛くないから。首吊るとか飛び降りるとかよりも。

今度また仕事がなくなって金に困って、

「これ俺、確実にホームレスだわ」

ってなったら、せめて南国で餓死したいです。

南国の人って〝働かなくてもなんとかなる〟っていうところがあると思うんですよね。だから、金なくてもギリギリまで生きられるだろうなって。それでどうしてもダメなら

餓死するしかないって思います。餓死も辛いけど、そうなったらもう仕方ないかなって。

でも、腹減って動けなくなって死ぬ間際、「寒いな〜」っていうのが嫌なんですよ。最後の瞬間ぐらい、どうせなら「あったかくて気持ちいいな〜」って思いながら死にたいんで。だから南国を希望。

「なんかあったかいよな〜。やっぱ南国選んで正解だった」って、ちょっと満足しながら死んでいきたいです。

【モンテーニュ】その6
1580年から1581年にかけてフランス、ドイツ、オーストリア、スイス、イタリアを旅し、都市ごとの宗教的な違いを詳細に記した。その原稿はモンテーニュの死後に見つかり、1774年『旅日記』というタイトルで出版された。内容的には、かのミリオンセラー本『猿岩石日記』と変わりはないという。

せめて南国で餓死希望！

Hiroiki Ariyoshi／**有吉弘行**

DEATH

083

私たちは死の心配によって生を乱し、生の心配によって死を乱している

Michel Eyquem de Montaigne ／**モンテーニュ**『随想録』

人間、長生きしようと思うから苦しいんですよ。「70歳まで生きる」って考えるから不安になるんですよね。

「70まであと何年あるから…」みたいな逆算をするから、いろんなことを心配しなきゃいけないっていう。老後の心配とか、住宅ローンとか、年金とか、子供のこととか。だいたい、先のこと考えると、ほぼ辛いことしかないですから。基本は不安になるっていう。

だから「40までていいや!」って思ってればいいんですよ。「そこからあとはもうお

釣りの人生なんだ」って思ってれば。

それぐらい気楽に思っておけば、結構楽に生きられると思うんですよね。そうそう不安になることもないし。先のこと心配する必要もないし。そもそも40過ぎたら、いつ死んでもいいわけだし。ボケようが何しようが関係なし。老後の心配とかもしなくてよし。

それで、もし70まで生きちゃったら、「30年分得したんだ」って、なんかちょっとお得な気分になれるっていう。

だから僕の人生、あと3年です。そこから先はお釣りの人生です。

【モンテーニュ】その7
モンテーニュは自身の結婚観について、以下のように述べている。結婚とは、子供を育てるためには必要だが、恋愛による激しい感情は有害なものとして嫌った。「結婚は鳥籠のようなものである。外にいる鳥は必死になって入ろうとするが、中にいる鳥は必死になって外へ出ようとする」みたいな言葉を残している。

人生40年。そこから先はお釣りの人生

Hiroiki Ariyoshi ／ 有吉弘行

DEATH

084

泣くことも一種の快楽である

Michel Eyquem de Montaigne／モンテーニュ『随想録』

僕の夢は、上島さんの葬式で号泣すること。

そのためには喪主じゃないと。

やっぱり死ぬときに喪主に指名されるってことは、自分が一番愛されてるからだと思うんですよ。それぐらい愛されたら僕、号泣する自信あります。ボロボロ涙流して号泣します。

それには、やっぱり喪主じゃないとちょっと……涙見せるわけにはいかないです。それが僕のプライドです。喪主以外は受け付けないぞっていう。ま、どうでもいいプライドですけど。

最後に上島さんが死ぬときに、奥さんでも肥後さんでも土田さんでもなく、

「喪主は有吉にしてくれ」

そう言って死んでほしいです。

それが僕の夢です。

【モンテーニュ】その8
モンテーニュの主著である「エセー」(随想録)に描かれている思想は今日でも人気を誇り、啓蒙時代までのフランス哲学の中でも傑出した作品となっている。フランスの元大統領フランソワ・ミッテランも公式な肖像画で「エセー」を手に持っている。

夢は上島竜兵の葬式で喪主を務めて号泣すること

Hiroiki Ariyoshi／有吉弘行

DEATH

085

嘘つきがいつでも必ず嘘をつくとしたら、それは素晴らしいことである

Emile-Auguste Chartier ／**アラン**『人間語録』

「ウソで固めた人生で、人に感心されたい」って思います。人生なんて、全部ウソでいいと思うんですよ。本音なんて言うの恥ずかしいから。本音なんか喋らなくていいんです。わかってくれる人はわかってくれると思うから。知識なんか全部受け売りでいいんです。それで十分感心されるんだから。

しょせん世の中なんて、新聞とか本とかに載ってた情報を集めてきて、それを自分の知識みたいにしてひけらかしておけば、「おお！　すごくいい意見言いますね！」とか感心されたりするっていう。そんなもんだと思うんですよね。だから全部ウソでいいん

です。

僕が死んだとき、弔辞とかで、

「有吉さんは本当は優しい人で、口は悪かったけど、実は心優しいエピソードがあって、これこれこんなふうに本当にいい人でした」

なんて生前のエピソードを紹介されているのを上のほうから眺めながら、

「あれもウソなのにな〜」

って思いながら死んでたい。

全部ウソで固めた人生で、騙し尽くして終わりたい。

ウソで固めた人生で人に感心されたい

Hiroiki Ariyoshi／有吉弘行

【アラン】その5
アランは主著『幸福論』において、「不幸」について以下のように述べている。みな、自身の不幸の原因が自分にあることに気付きながらも目を背けている。原因さえわかれば、対処はさほど難しくはない。したがって、不幸の原因を冷静に見つめることで解決は可能である。幸福の秘訣は、自身の不機嫌に無関心であってはいけないことである。

DEATH

086

最も尊重せねばならぬのは、生きることにあらず、善く生きることなり

Socrates／**ソクラテス**『クリトン』プラトン

今の自分にひと言。

「まあまあ頑張った。あとはゆるやかに死ぬことを祈ろう」

【ソクラテス】その3
ソクラテスは著作を残さなかったため、彼の思想や生涯は弟子など他の著者の作品を通じてのみしか知り得ることができない。このことは、ソクラテスが書記言語を強く非難していたからである。書き留められた言葉は話し言葉と違って反論を許さないほか、記憶を破壊するとも考えていたためである。

できれば通帳見ながらニッコリと

Hiroki Ariyoshi／**有吉弘行**

Ⅶ ― 恥について

SHAME

087~091

SHAME

087

「人々はなんらかの不潔なことを考えることを恥としないが、この不潔な考えが彼らのものだと言われていると感じて恥じる」

Friedrich Wilhelm Nietzsche／ニーチェ

ダチョウ倶楽部の芸をテレビで見てるぶんには笑うけど、「じゃあファンか？」って言われると、ファンとは決して言えないっていう。

なかなか「ダチョウ倶楽部のファンです」とは言えないですもんね。相当勇気がいる行為です。世間からそういう目で見られるのは恥ずかしいし、なんか汚いものを見るような視線すら感じます。

たとえば「S」とか「M」とかでも普段話してる中で使うぶんには、「私ってドMなの」とか、「俺、ドSで」とか言っても恥ずかしくないけど、それが本当に性癖となると、さすがに恥ずかしくて言えないっていうのと似てますよね。自分の恥部を晒すみたいなことですもんね、「ダチョウ倶楽部のファンだ」って言うのは。

逆に自分を「ダチョウ倶楽部のファンだ」って堂々と言えるような人は、なんら恥じることなく自分の性癖のことも言えると思います。

そういうことからすると、この言葉は当たっています。

ニーチェは一応、正しいこと言ってますよね、童貞のくせに。

【ニーチェ】その17
主著のひとつでもある『ツァラトゥストラはかく語りき』の「ツァラトゥストラ」はゾロアスター教の開祖ザラスシュトラのドイツ語形であるとされている。また、リヒャルト・シュトラウスは同名の交響曲を作曲している。

ダチョウ倶楽部の芸をテレビで見て笑う人はいるが、
ファンだと公言する人はいない

Hiroiki Ariyoshi／有吉弘行

SHAME

088

人々は互いにへつらうことばかりをやっている……人間同士の結びつきは、かかる相互の欺瞞の上に築かれる

Blaise Pascal／**パスカル**『パンセ』

最近僕、上島さんとあんまり飲まなくなってるんですよね。時間がないこともあるんですけど、なんか最近ちょっと気持ち悪いんですよ、上島さんと飲むと。

たまに会って飲んだりすると、やたら僕のことを褒めるんで。

「この前、あの番組見たんだけど、有吉よかったよ〜！」

とか、自分の中で練りに練ったヨイショをしてくるんですよね。

そうするとこっちも照れくさいから、「ああそうですか。ありがとうございます」って、うわべで言ってると、話は盛り上がらないし、ホントつまんないっていう。

媚びへつらうのもほどほどに。やり過ぎると逆効果

Hiroiki Ariyoshi／有吉弘行

それで上島さんがあんまり僕のことを褒めるから、こっちも悪いと思って「上島さんも最近いろいろ評判いいみたいですね」とか多少持ち上げたりすると、

「そうかあ、でもなあ、有吉の今の仕事っぷりに比べると俺なんかまだまだだよ」

なんて妙に媚びへつらいつつ、さらにヨイショしてきたりして。なんか初対面の会社員同士の付き合いみたいな。

「有吉を気持ちよくさせて〝次もまた飲みましょうよ〟って言ってもらおう」っていう魂胆がミエミエ。〝また飲んでねオーラ〟がものすごく出てる。

なんとか次につなげようとして、すっげー褒めてくるけど、それがものすごく気持ち悪い。人間、褒められすぎると気持ち悪いもんです。媚びへつらうのもほどほどにしとかないと、完全に逆効果だっていう典型例。

【パスカル】その3 パスカルは10歳にも満たぬ頃に三角形の内角の和が180度であることや、1からnまでの和を導く公式を自力で証明してみせるほどの天才ぶりを発揮していたと言われている。ちなみに、有吉もプロレスラー・坂口征二の引退試合を見に行った際、坂口の頭に2階席から唾をペチョッと垂らすという行為を働いた破天荒の天才。

SHAME

089

賢者は苦痛なきを求め快楽を求めず

Aristotélés ／アリストテレス『ニコマコス倫理学』

「一番の快楽は？」って聞かれたら、吐くぐらい喰って飲むこと。

中途半端はダメ。

飲むなら徹底的に吐くまで飲む。基本、1回飲み始めたら帰りたくない。朝まで帰りたくない！

いったん飲み始めて、1時や2時で「じゃあそろそろ…」なんていう平和的解決は却下！

だいたい〝飲む〟っていうのは、「朝までガブガブやって泥酔、そして朝日に向かって吐くまで飲む」っていう言葉の略語だから。

【アリストテレス】その11
アリストテレスの思想は『神曲』で有名なダンテにも大きな影響を与えた。ダンテは『帝政論』でもアリストテレスの『ニコマコス倫理学』を引用しており、『神曲』地獄編における地獄の分類構造も『ニコマコス倫理学』に拠っている。ちなみに「ニコマコス」とはアリストテレスの父の名前でもあり、子の名前でもある。これは、『ドラえもん』におけるのび太の父親の名が「のび助」であり、のび太の子の名が「ノビスケ」であるのと同様の現象である。

一番の快楽は吐くぐらい喰って飲むこと

Hiroiki Ariyoshi／有吉弘行

以前、飲み屋で「帰りたくないの…」と身を寄せてきた美人女性に対して
「えっ！　マジで？　いいね～飲もう飲もう！　朝10時まで飲もう！」

と、泥酔していたとはいえ、鈍感丸出しで、場末のスナックに連れていき、

「このキ○ガイ！」

と罵られたのは、この僕です。

SHAME

090

「宴会からと同じように、人生からも、飲みすぎもせず、のどが渇きもしないうちに、立ち去ることが一番いいことだ」

アリストテレス／Aristotélés

わかってない！　全然わかってない、下の立場の人間のことを。ある程度偉いんでしょうね、この人。部長ぐらいなんでしょ？新人とか下っ端の人間は、やっぱ宴会から途中で逃げるなんてできるわけないですもん。自分が島耕作だとでも思ってるんじゃないですか。モテたいんでしょうね、この人は。醜態見せたくないし、恥もかきたくないし。女待たせてるんですよ、きっと。だからこんなカッコつけたこと言ってるんですよ。それで結局、女関係でトラブル起こすことになるんです。

いつか痛い目見ます、こんなこと言ってると。

僕はなんでも深入りしていかないとダメだと思うんです。だから、酒飲むときには徹底して飲まないと。「途中でキリのいいところで」とか、「ほどほどで」とか言ってるようじゃ何やっても中途半端。宴会で潰れて二日酔いになるぐらいじゃないとダメです。

こんなの、しょせん、部長クラスの意見です。

【アリストテレス】その12
アリストテレスによれば、芸術創作活動の基本は「模倣」であるという。文学は文字を用いての模倣であるし、悲劇の成立には理想像の模倣が必要不可欠であると説く。中国のパクリ問題も、アリストテレスの思想が根底にあるのかもしれない。

飲むときは徹底して飲む。
なんでも深入りしていかないとダメ！

Hiroiki Ariyoshi／有吉弘行

SHAME

091

美徳を備えた人間とは、裸一貫で勝負する、いわば（精神的に）たくましい人のことである

／ルソー

Jean-Jacques Rousseau

僕の知り合いに上島竜兵という芸人がいます。

何かあると、すぐに裸になります。

確かに、上島さんは裸一貫で勝負してます。勝負してはいますけど、精神的にたくましいかって言ったら、たくましくないんですよね。

美徳もないです。

上島さんひとりの存在で、この言葉はすべて否定されます。

「上島竜兵を見てみろ！　美徳なんてないだろ！　精神的にもたくましくないだろ！」

ルソーにそう言ってやってください。

【ルソー】その2
教育論『エミール』が刊行されると、自然宗教的な内容がパリ大学神学部から断罪され、『エミール』は禁書に指定。ルソー自身にも逮捕状が出たため、スイスに亡命することとなる。ちなみに、日本でもおなじみの童謡「むすんでひらいて」はルソーのオペラ作品の一節である。

上島竜兵は裸一貫で勝負するけど、
美徳もないし、たくましくもない

Hiroiki Ariyoshi／有吉弘行

VIII

己について

SELF

092~100

SELF

092

ひとりでいるときは誰でも心に嘘はつかない
そこにもうひとりが加わると偽善が始まる
相手が近づこうとするのを、お世辞と世間話と
娯楽といったもので受け流す
自分の本当の心を十重二十重におおい隠す

Ralph Waldo Emerson ／エマーソン

自分で一番情けないと思うところは、本音を言わないところ。

きっとあるんですよね、僕にも本音が。

でも言わないです。言っちゃうと、全部が終わっちゃいそうというか、見透かされちゃうと終わりな感じがして。

かなり酔っ払って泣いたりするようなときでも、ちょっとウソついてたりとか。

次の日、「お前、昨日あんなふうに言ってたよな」って言われると、自分で思い出し

てみて、「いや、それウソだな」って思ったりするから。
自分で〝自分の本音〟はわかります。あるにはあるんですけど、言わないんでしょうね、人には。

たぶん本当の本音が安っぽすぎたり、薄っぺらすぎたりするから。それ言ったときに、「それ、本音じゃないよね」って言われるのも怖いんで。「いや、これ本音なんだけど…」と思っても、相手からすると、あまりに薄っぺらすぎて本音に思えないっていう。「これ、本音に見えるだろうな」とか、「本音だと思って聞いてもらえるだろうな」っていうことを探して、本音っぽく伝えてるだけ。

だから僕が言ってることは、「常に本音じゃない」と思っててくれればいいんです。僕の本音なんか知ったところで、すぐ穴が空いちゃうような本音しかないんで。

【エマーソン】その4
エマーソンは形式的なピューリタン思想を脱ぎ捨て、新たなアメリカ精神を築いたことで有名である。若い頃はピューリタン的に、自身の罪についての日記を書いていたが、のちに教条的な教説を守るより、自己の中にある道徳を信頼するように生きることが大事だと説いた。

本音なんて、本音っぽく思われそうなことを探して、
本音っぽく伝えてるだけ

Hiroiki Ariyoshi／有吉弘行

SELF
093

悪とは何か　弱さから生ずるすべてのもの

Friedrich Wilhelm Nietzsche ／ニーチェ『反キリスト』

世の中で一番ムカつくものは、失うものがないヤツの無茶。

〝無茶〟にもいろいろあると思うんですよ。でも、そういうヤツらの無茶はホント腹立ちます。

「どうせ家族もいないし、仕事もないし、俺なんか不幸で、もうどうなってもいいから、ちょっとその辺で人いっぱい殺してみよー！」

みたいなヤツの無茶とか、

「会社クビになって、もう何もなくなっちゃったから、腹いせに会社にクソぶちまけてやろう!」

みたいなヤツとか。ああいうヤツらの無茶が一番ムカつく。

たとえば、普通に会社員やって、家族もあってっていう人が、「東京タワーの一番上に登ってビラぶちまけよう」っていう無茶は、「きっとこの人もいろいろあるんだろうな～、大変だよな～、頑張ってるな～」とは思うけど。

失うものがないヤツの無茶は「無茶でもなんでもねーだろ!」って思うんですよね。もともと信用ないのに信用なくすようなことしても、それはなんのリスクもないだろっていう。

「刑務所入っていいや」っていうヤツの人殺しが、世の中で一番ムカつきます。

【ニーチェ】その18
ニーチェの哲学がその後の文学界および哲学界に与えた影響は多大であり、影響を受けた人物は相当数にのぼる。特筆すべき人物でいえば、ハイデガー、ユンガー、フーコー、ドゥルーズ、デリダなど。フランス五月革命の民主化運動のバックボーンも、ニーチェ哲学であったという。

悪とはなんのリスクもないようなヤツの無茶

Hiroiki Ariyoshi／**有吉弘行**

SELF

094

身分不相応の生活をする者は馬脚を現わす

Johann Wolfgang von Goethe／ゲーテ『韻文による格言』

僕には、どうしてもできないことがあります。

それは、「百貨店にひとりで入ること」。

ここ何年も、毎年頑張ってチャレンジしてみるんですけど、いまだにひとりで百貨店に入れません。

百貨店の入口までは入れます。でも、入口付近の壁に貼ってある「何階は何売場です」みたいな表示を見ると、とたんに気弱になって逃げ出します。何度挑戦してみても、入口から先には一歩も踏み出せません。もう何年もその繰り返しです。

どうしても百貨店って敷居が高いんですよね。

「僕なんて…」

と思っちゃうんですよ。

「僕みたいな人間が百貨店にひとりで入るなんて身分不相応な…」

って思っちゃうんですよね。「スーパーにしとけよ！」みたいな。俺なんて、そんな高級な店に入るような身分じゃないぞって。何年経っても、その気持ちは変わりません。

たぶん、ひとりで百貨店に入れるようになったとき、人間としてのステージが1段上がったような気になるんだと思います。

だから今年も僕は、「百貨店にひとりで入る」ことを目標に頑張ります。

【ゲーテ】その2
ゲーテの父は子供たちの教育に関心を持ち、幼児のときから熱心に育て上げた。ゲーテは特に語学に長けており、幼少の頃すでに英語、フランス語、イタリア語、ラテン語、ギリシア語、ヘブライ語を習得。詩作が評判だったのも幼少の頃からであり、最も古いのは8歳のとき、祖父母に宛てた新年の挨拶の詩であったという。

身分不相応なんていまだに百貨店にひとりで入れません

Hiroiki Ariyoshi／有吉弘行

SELF

095

ひとつの事柄についてすべてを知るよりも、すべての事柄についてなんらかのことを知るほうがずっとよい

Blaise Pascal／**パスカル**『パンセ』

僕、何が苦手かって、サブカル系の人たちと話するのが苦手なんですよね。

サブカル系の人たちって、やたらひとつのことに詳しいんで。自分が興味あることをとことん突き詰めてるから、話してるうちに、どんどん追い込まれていくんですよ。こっちは薄っぺらな知識しかないくせに、そこそこに知ってるような顔して喋ってるわけですから。そこ深く突っ込んでこられても困ります。

週刊誌に載ってることぐらい知っとけばいいと思うんですよ。それぐらい知っとけば、人と世間話するにも困らないし。そこそこ常識人に見られるっていう。

その程度の薄っぺらな知識で十分だと思います。なんなら電車の中吊り広告の見出しだけ見ときゃ、一応話合わせるぐらいはできるんで。

「消費税上がると大変だよな」とか。

税率が何%になるかまでは知らないけどっていう。その程度で十分だと思います。

週刊誌の見出しレベルが〝常識〟です。

【パスカル】その4
パスカルは世界で初めての公共交通機関を作ったことでも有名。それが「5ソルの馬車」である。それまで馬車と言えば裕福な貴族だけが所有するものだったが、パスカルは馬車を共有する「乗合馬車」を発明し、パリで創業した。いわゆる、今日のバスに当たるものであったという。

週刊誌の見出しぐらい知っとけば〝常識人〟

Hiroiki Ariyoshi／有吉弘行

SELF

096

自信は成功の第一の秘訣である

Ralph Waldo Emerson／エマーソン『随筆集』

僕、いつも社長とか偉い人がいると、

「金くれるんじゃねーか？」とか、「社員に取り立ててくれるんじゃねーか？」とか、常に期待しちゃうんですよね。他のことは期待しないけど、そこだけはなぜかちょっと期待しちゃいます。

それこそビル・ゲイツに会ったとすれば、自分の中の最高の笑顔を見せたりとか、ビル・ゲイツの目をずっと見てたりしたら、ビル・ゲイツが、

「お！　彼には何かあるな」

とか言って、社員に取り立ててくれるんじゃないかとか。偉い人ってそういうこと言

いたがるじゃないですか。「彼の才能は見た瞬間にわかったよ」とか、「それが自分の才能だ！」みたいに言いたがるから、うまいことそれに引っかかんねーかなって常に期待します。

だから相手の目をじっと見たりとか、たまにちょっと物憂げな表情してみたりとか、自分なりにいろんなアプローチはしています。

タレントの結婚式とか出たときも、テレビ関係の偉い人とかいると、「ここでキッチリしてると、誰かが俺のこと見初めて〝うちの娘にどうだ〟とか言ってくれるんじゃねーか？」とか、そういう思いは常にあります。「ちょっと挨拶はガサツだけどいいものもってるな」とか、認めてくれる人もいるんじゃないかと思うんですよね。サラリーマン金太郎みたいに。

そういう、ちょっとした自信だけは自分の中に常に隠し持ってます。

【エマーソン】その5
1850年代には奴隷制をめぐって反対の立場を取ったエマーソン。奴隷制反対の活動を活発にするため、ハーバード大学で講演活動を数多く行ない、同大学における奴隷制反対の指導的立場となった。

そのうち誰か偉い人に見初められる自信だけはあり

Hiroiki Ariyoshi／有吉弘行

SELF

097

我思う、故に我あり

René Descartes／**デカルト**『方法序説』

「我、我」って……「俺が俺が」とか、やたら自分を主張してくる人って苦手なんですよ。「俺はああなりたいんだ！」とか、「俺はこうしたいんだ！」とか。「自分の希望を絶対に叶えたいんだ！」みたいに、うるさいぐらいに主張する人ってダメなんですよね。そういう人って自分の主張ばっかり強くて、結局みんなに嫌われてたりします。

「なかなか希望が叶わないんだけど…」って言いながら、そこでやりくりしてる人のほうがいろんな人から好かれてるし。「あいつ、頑張ってるよな！」ってまわりから認められたりもするし。

だから「自分」をあんまり主張し過ぎないほうがいいと思います。

希望は叶えようとし過ぎるとただのワガママになる

Hiroiki Ariyoshi ／有吉弘行

【デカルト】
1596～1650。フランスの哲学者、数学者。考える主体としての自己と、その存在を定式化した「我思う、故に我あり」は哲学史上最も有名な命題のひとつである。この命題は当時の保守的思想であったスコラ哲学の教えである信仰による真理の獲得ではなく、人間の持つ理性を用いて真理を探究する点において近代哲学の出発点とも言える。これこそが、デカルトが「近代哲学の父」と言われる所以である。ちなみに、「スライムの乳」と言われるのは小向美奈子。

SELF

098

吾人の性格は吾人の行為の結果なり

／アリストテレス Aristoteles

自分がやったことの結果が、その人の性格だってことですよね？
要は、人にどう見られてるかが「本当の自分」だっていうことでしょ。
だとすると、僕は「自分はクズだ」と自覚してますけど、最近まわりでは僕のことを
「本当はいい人だ」って言ってるんですよ。
ってことは僕は、
「本当はいい人だ」
……ってことですよね？
そういうことになっちゃいますが、大丈夫ですか？

人がそう言うんだから、僕は本当にいい人です

Hiroki Ariyoshi／有吉弘行

【アリストテレス】その13

アリストテレスは後世「万学の祖」と称されるように、彼の知識体系は網羅的であり、当時としては完成度が高く、偉大なものであった。そのため、中世ヨーロッパの学者から支持されることとなる。

SELF

099

ささいなことが我々の慰めになるのは、ささいなことが我々を苦しめるからだ

Blaise Pascal／**パスカル**

「ファミレスで何を食べるか？」

いつも悩みます。

これが居酒屋なら問題なし。しょせん酒メインだし、量が少ないし、分けて食べればいいしで、食べたいものを手当たり次第に頼んでよし。ただし、値段応相談。

ところが、ファミレスは一発勝負。

「ハンバーグセットとハンバーグデラックス、どっちも頼むわけにはいかねーよな…」

とすると、どう決めるか。

まずは消去法で魚と、スカシたヤツ（パスタ）を消す。ここまではすんなり決められる。問題は残る肉類と丼類（カレー含む）。

ハンバーグとステーキとトンカツとカレーとエビフライと焼肉とオムライス……選べるヤツの気がしれない。

ファミレスに行くと必ず悩みます。

ものすごくささいな悩みです。

【パスカル】その5
パスカルは17歳のとき、機械式計算機の発明に着手し、見事、2年後に完成させた。父親の徴税官の仕事を楽にさせてあげようという気持ちからだったが、この発明によりパスカルの肉体は病弱化し、実質的に寿命を縮めた原因とも言われている。

〝ファミレスで何を食べるか？〟…ささいなことに悩みます

Hiroiki Ariyoshi／有吉弘行

SELF

100

人間のみがこの世で苦しんでいるので、笑いを発明せざるを得なかった

Friedrich Wilhelm Nietzsche ／ニーチェ『力への意志』

世の中で一番好きなものは……

……たぶん、笑い。

結局、笑いが好きなんだと思う

Hiroki Ariyoshi ／ 有吉弘行

【ニーチェ】その19

『力への意志』の出版のため、ニーチェは多くの草稿を残したが、結局、自分の手で完成させることは叶わなかった。妹のエリザベートによって草稿がまとめられ、同書が出版されることとなった。しかし、「力への意志」という言葉は『ツァラトゥストラはかく語りき』や『人間的な、あまりに人間的な』にも登場しており、その概念を窺い知ることができる。

◉主要参考文献
『現代思想を読む辞典』今村仁司編(講談社現代新書)
『これがニーチェだ』永井均(講談社現代新書)
『哲学者の言葉』富増章成(角川ソフィア文庫)
『賢者180名 「命」の言葉』世界の賢者と思想研究プロジェクト編(徳間書店)
『史上最強の哲学入門』飲茶(マガジン・マガジン)

◉スタッフ

企　画　㈱太田プロダクション　高畠久美子

構　成　㈲21世紀BOX　鈴木 実

装丁・デザイン　鈴木 徹／THROB

編　集　市村阿理

写　真　川しまゆうこ

毒舌訳《どくぜつやく》　哲学者《てつがくしゃ》の言葉《ことば》

2012年4月22日　第1刷発行

著　者　有吉弘行《ありよしひろいき》

1974年生まれ、広島県出身。広島県立熊野高等学校卒業。93年オール巨人に弟子入りするが、半年で破門。翌94年、お笑いコンビ「猿岩石」でデビュー。96年に『進め！電波少年』（日テレ系）の貧乏ヒッチハイク旅行で話題となり、帰国後大ブレイク。2004年にコンビ解散。現在は毒舌が持ち味のピン芸人として再ブレイク。11年はテレビ番組出演本数ランキングで見事1位を獲得するなど八面六臂の活躍を見せる。

発行者　赤坂了生

発行所　株式会社双葉社
〒162-8540　東京都新宿区東五軒町3番28号
[電話]03-5261-4818(営業)　03-5261-4835(編集)
http://www.futabasha.co.jp/
(双葉社の書籍・コミック・ムックが買えます)

印刷所　三晃印刷株式会社

製本所　株式会社 若林製本工場

[電話]03-5261-4822(製作部)
ISBN978-4-575-30412-1　C0095